Déjà publiés, dans la même collection :

La voir une dernière fois (2016)
Et si ? (2017)
Et si ? Recueils 1 et 2 (2018)
Et si ? Recueils 1 et 2 (2019)
Et si ? Recueil lycée (2020)
Et si ? Recueils collèges 1 et 2 (2020)

Illustrations de couverture : Chloé Péchier
Maquette : Éliott Alissoutin

Collection *Et si ?*
Recueil 3

EN ROUTE VERS L'INCONNU

Romans collectifs
(2020-2021)

RÉPARER
LE
langage
je peux

L'association *Réparer le langage, je peux* œuvre auprès des jeunes en faveur de la lecture et de l'écriture

Édité par l'association *Réparer le langage, je peux.*
Toulouse – Mai 2021
www.reparerlelangage.fr

EN ROUTE VERS L'INCONNU

Arslane Aberkane, Moussa Bah, Youssouf Camara, Alpha Diallo, Kaka Diawara, Ahmed Rabel, Ahmed Rajon, Moussa Traoré, Piruntapan « Joseph » Vaseenaran

De la classe de CAP pro menuiserie aluminium-verre
Lycée des métiers des arts du verre et des structures verrières Lucas-de-Nehou (Paris – V^e^ arrondissement)

Illustrations : Arslane Aberkane, Moussa Bah, Alpha Diallo et Piruntapan « Joseph » Vaseenaran

Enseignants :
Emmanuelle Oddon, professeure de lettres-histoire
Jacques Duranthon, professeur d'arts appliqués
Valérie Assoni, professeure documentaliste

Avec le parrainage de Maïa Brami, autrice

VERS UNE NOUVELLE VIE

Roman collectif

AU PAYS DE MALINDES

Le soleil se couche sur le village de Kakagné. Ibrahim, de retour du ladé* où il a gardé le bétail toute la journée, adore ce moment où le ciel se colore de jaune, orange, rouge. Il aime voir son village s'animer et les enfants jouer devant les cases.

— Eh ! mon fils, Ibrahim, viens ici ! l'appelle son père.

— Attends, attends, je rentre les vaches, deux minutes !

— Dépêche-toi, j'ai une grande chose à te dire !

Ibrahim est impatient d'apprendre cette grande nouvelle.

— Ouch, ouch !* Rentrez dans le galé*, plus vite que ça !

Il ferme la barrière, court à toutes jambes, essoufflé et transpirant, pénètre dans leur maison.

Ses parents et le chef du village l'attendent. Mama Coumba, un peu à l'écart, est assise sur un tabouret, la tête dans les mains. Papa Mamadou et le chef du village ont les bras croisés et le regard grave.

— Qu'est-ce qu'il y a ? Quelqu'un est mort ? C'est mon frère ? Mes sœurs ? Dites-moi !

— Non, ce n'est pas ça du tout. Ils vont bien, enfin je crois... répond le père.

— Ah, donnbad*, j'ai eu peur ! dit Ibrahim, soulagé.

Il va se servir un verre d'eau dans la cruche en terre. Son père, Mamadou, lui demande de s'asseoir et d'écouter ce qu'ils ont à lui dire.

— Mon fils, le Conseil du village s'est réuni aujourd'hui. Comme tu le sais, nous n'avons pas eu une goutte de pluie depuis quatre mois. Maïs, oignons, ignames, mangues, manioc poussent de moins en moins. Dans quelque temps, nous manquerons sûrement de nourriture et d'eau pour les hommes et pour les bêtes. Le Conseil a donc décidé qu'un garçon jeune et courageux doit quitter le village pour aller étudier en France. Ce garçon, c'est toi Ibrahim. Un jour, tu reviendras avec des solutions pour nous aider.

— NON ! NON ! NON ! Qu'est-ce que vous me dites ? Je ne comprends rien ! Qu'est-ce que je vais faire là-bas ? Je ne connais personne ! Je n'ai que quinze ans. Trouvez un autre jeune, je sais pas moi... Ahmed, Saïdou, Moussa... Ils seront d'accord pour partir !

— Mon petit Ibrahim, c'est pas toi le garçon qui a sauvé Alfa et Asha de la noyade lors des grandes pluies d'il y a un an ? ajoute le chef du village en souriant. Ce voyage est très important pour nous tous. Tes parents comme les villageois ont confiance en toi. En plus, en voyageant, tu vas découvrir le monde. Imagine Paris ! C'est bien plus beau que notre village ! Là-bas, tu vas voir la grande Dame de fer, les pyramides, les fontaines remplies de Fanta, le grand serpent qui traverse Paris sous la terre !

*

Allongé sur son lit, Ibrahim n'arrive pas à fermer l'œil, il est sous le choc de cette nouvelle. Il monte à l'échelle jusqu'au toit plat pour aller voir ses pigeons et réfléchir.

Malheur ! Son pigeonnier est ouvert. Il fait fuir les chats qui tournent autour en se léchant les babines. Il recompte ses volatiles : il en manque un. Il voit des plumes éparpillées : aucun doute, il a été dévoré par les félins. Il referme la porte et tchippe*. « Satanés chats, soyez maudits ! Qui va s'occuper des pigeons quand je ne serai plus là ? »

Il va et vient sous le ciel étoilé, tout se bouscule dans sa tête. Il ne reverra peut-être jamais ses parents vivants. Il espère que son fidèle ami d'enfance, Alfa, viendra les voir et les aidera aux champs. Il n'ira plus se baigner au lac, ne jouera plus au foot avec ses meilleurs amis Arslane et Youssouf. Et Josette, sa vache préférée, qui va bientôt avoir son veau ! Il n'arrive plus à réfléchir. Les yeux pleins de larmes, il redescend de son perchoir.

À peine endormi, il est réveillé par un chuchotement à son oreille :
— Ibrahim, Ibrahim, réveille-toi ! Écoute-moi !
Il ouvre les yeux, paralysé, et regarde l'homme en face de lui : c'est le grand marabout Rajon.
— Mais que faites-vous ici ?
— Je suis là pour t'aider et te conseiller pour ton voyage. Ne t'inquiète pas, mon enfant.

À son réveil, Ibrahim se demande s'il n'a pas rêvé cette rencontre. Puis, sur son oreiller, il découvre un grigri en cuir orné de perles bleues et blanches.
En entrant dans la cuisine, il annonce à ses parents :

— Le grand Rajon est venu me voir cette nuit. Regardez ce qu'il m'a laissé !
— Un grigri ? C'est bien mon fils, déclare son père, l'air solennel, il te protégera du mauvais sort, mais tu dois le porter sur toi tout le temps pour faire fuir les mauvais esprits. Surtout, ne le perds pas !

*

Demain, c'est le grand jour. La camionnette passera à l'aube et emmènera Ibrahim à Dakendis, la grande ville portuaire du pays.
Il vérifie encore une fois le contenu de son sac à dos : quelques vêtements, un nécessaire de toilette (savon, siwak* et crème), une vieille photo de famille sur laquelle on reconnaît son grand frère Rabiic, ses sœurs Samira et Mariam, qu'il n'a pas revus depuis leur départ pour l'Espagne il y a cinq ans, et bien sûr... son précieux carnet, acheté au marché, sur lequel sont notés quelques numéros de téléphone, l'adresse de Falou, son cousin chez lequel il dormira à Dakendis, et surtout le numéro de portable de Yacouba, parti il y a trois ans de Kakagné et qui vit maintenant à Paris. Il accroche son grigri à la ceinture de son pantalon pour ne pas l'oublier, et met l'argent du voyage bien au fond de sa poche.
Toute la journée, les voisins défilent à la maison pour lui dire au revoir, lui apporter un peu d'argent, des cacahuètes à grignoter sur la route, sans oublier de le bénir.

Ce n'est que lorsque le soleil atteint la ligne d'horizon, enflammant la terre et la forêt, que le calme revient.

Juste le temps de se rafraîchir le visage pour chasser fatigue et angoisse, que les amis d'Ibrahim arrivent pour déguster le meilleur thiep au poulet du monde, celui de Mama Coumba, préparé avec amour.
— Tu nous appelles quand tu arrives, mon frère ? lui demande Arslane.
— T'inquiète mon pote, pas de problème ! répond Ibrahim d'un ton bonhomme.
— Arrête de faire le malin, Ibra ! On sait que tu as la trouille, dit Moussa.
— Après ton départ, je consolerai ta copine Anisa, tu peux compter sur moi ! lui lance Kaka en riant.
— Tu rêves, mon gars, elle ne voudra jamais de toi. Elle m'attendra.
Mais Mama Coumba les interrompt :
— Allez, les garçons, il est tard, il faut partir. Yadhhab*, tous au lit !

Allongé dans son lit, Ibrahim regarde la lune briller dans le ciel étoilé. L'angoisse l'envahit. *C'est ma dernière nuit ici. Demain, à cette heure-ci, je serai déjà loin...*

*

— Debout, mon fils ! Le coq chante. Le petit déjeuner est prêt.

La voix douce de sa mère tire Ibrahim d'un sommeil agité. Pa' Mamadou est assis sur le tabouret, il ne dit rien mais son regard est triste, il frotte nerveusement sa barbe grisonnante.
— Merci M'man, mais je n'ai pas très faim, je vais emporter une bouteille de lait et un froufrou* pour le voyage.

Un coup de klaxon retentit. Dans sa camionnette, le chauffeur attend les voyageurs sur la place du village. Ibrahim range son casse-croûte dans son sac à dos et se tourne vers ses parents, la boule au ventre. Sa mère l'enlace tendrement en pleurant et le couvre de baisers.
— Tu es mon petit dernier, j'aurais tellement voulu que tu restes au village...
Ibrahim ne peut répondre tellement il fait d'efforts pour retenir ses larmes.
Son père le prend dans ses bras.
— C'est le moment de se dire adieu, mon fils. N'oublie pas qu'on t'aime et que tu es le seul à pouvoir sauver notre village.

SUR LES CHEMINS POUSSIÉREUX

La camionnette roule depuis une heure sous un soleil brûlant, sur une route pleine de cailloux et de nids-de-poule. À son bord, une femme et son bébé d'un an, un garçon d'une quinzaine d'années, deux hommes et une femme sont secoués dans tous les sens.

Ibrahim ne parle pas. Le front collé à la vitre, il voit défiler les lits des rivières asséchées, les hautes montagnes rouges et les arbres qui ont soif. Il était loin de s'imaginer une catastrophe pareille. *Je reviendrai redonner vie à mon pays...* se promet-il.

Il sort son sachet de cacahuètes, se retourne et voit le garçon aux cheveux courts et au visage fin assis à côté de lui qui l'observe.

— Tu en veux ? lui propose-t-il.

Ce dernier fait oui de la tête et en prend une poignée.

— Je m'appelle Ibrahim. Je viens de Kakagné, et toi ?

— Lamarana. Je suis de Kaïenguissa.

— Hi, hi, hi ! Lamarana... mais c'est un prénom de fille ! T'es une fille ou quoi ?

— N'importe quoi ! C'est aussi un prénom de garçon.

— Trop bizarre ! Bref, je m'en fiche. Moi, je vais à Dakendis rendre visite à mon cousin. C'est la première fois.

— Dakendis ? J'y vais souvent pour acheter des poulets, je connais bien. Tu vas voir, c'est une ville gigantesque, il y a plein de monde.
Ils sont interrompus par les cris du bébé. Ibrahim tend sa bouteille de lait à la maman.
— Tenez, il doit avoir faim et chaud.
La maman remercie Ibrahim et donne le lait à son enfant qui s'arrête instantanément de pleurer.

« Allez, tout le monde descend ! Vingt minutes d'arrêt ! Le moteur a besoin de refroidir ! » lance le chauffeur en arrêtant le véhicule. Le visage rougi et dégoulinant de sueur, il ouvre la porte pour libérer les voyageurs qui suffoquent.
Aussitôt, les hommes se dirigent vers un bosquet sec et décharné pour soulager leurs vessies durement éprouvées par le chaos de la route.
— Aaah ! J'ai trop envie moi aussi. Tu viens, Lamarana ?
— Vas-y, vas-y, moi je vais faire un tour. J'ai mal aux jambes à force d'être assis.
Lamarana s'éloigne du groupe et disparaît derrière une maison en ruines.

« Ah ! Je me sens plus léger », dit Ibrahim en reboutonnant son pantalon. Il cherche des yeux son nouveau camarade, mais ne le voit nulle part. Arpentant le petit village abandonné, il finit par le trouver accroupi derrière une maison. Stupéfait, il ne dit rien et fait demi-tour : Lamarana est une fille !

Alors qu'elle le rejoint et s'assoit sous un arbre à côté de lui, il lui lance :
— Dis donc, tu as menti !
— De quoi tu parles ?
— T'es une fille, en fait.
— Chut ! Ne parle pas si fort ! Comment tu le sais, d'abord ?
— Je t'ai vue... Je t'ai vue derrière la maison, répond Ibrahim, un peu embarrassé.
— Tu m'as suivie ? Tu m'as vue ?
— Non, non ! En fait, je n'ai rien vu, j'ai fermé les yeux... Mais pourquoi tu es habillée comme un garçon ?
— Je suis fille unique et j'ai toujours tout fait comme les garçons. Dans la vie, c'est plus simple d'être un garçon, on est plus libre et personne ne nous embête.
— Ah ! Tu penses vraiment que c'est mieux ?
Mais un coup de klaxon les interrompt : on repart !
— Promets-moi de ne rien dire, s'il te plaît ! supplie-t-elle en regardant autour d'elle pour s'assurer que personne ne les a entendus.
— D'accord, promis !

Le petit groupe vient à peine de reprendre la route qu'ils doivent descendre à nouveau, car la camionnette n'arrive pas à gravir la montagne qui les sépare de Galong. Tous les voyageurs, y compris Lamarana, sont obligés de la pousser pour atteindre le sommet.

Ibrahim l'observe, l'air de rien. *Elle ressemble vraiment à un garçon avec ses cheveux courts, son grand tee-shirt et son pantalon large. Elle est presque aussi grande que moi et qu'est-ce qu'elle est forte !* songe-t-il, admiratif.

À Galong, le chauffeur s'arrête sur la place du village et demande aux voyageurs de ne pas s'éloigner de la camionnette. Il ne perd pas une minute et commence à récupérer colis et listes de courses des villageois pour faire des achats au marché de Dakendis.

Comme chez Ibrahim, Galong est un joli village avec des goupés* rondes en briques de terre aux toits de chaume pointus. Il voit des femmes cuisiner sur le seuil de leur porte, d'autres travailler dans les jardins potagers. Derrière les cases, les hommes cultivent leurs champs. Un petit garçon nourrit les moutons devant une oulaoura*. Faisant quelques pas pour se dégourdir les jambes, les deux adolescents croisent un groupe de filles avec des seaux en fer. Elles vont récupérer de l'eau au biir*.

— Ibra, je dois t'avouer quelque chose... lui confie Lamarana. En fait, je ne vais pas acheter des poulets...

— Qu'est-ce que tu vas faire, alors ?

— Je dois prendre un bateau demain matin pour partir en France.

— Quoi ? Mais moi aussi ! Pourquoi tu pars ? Raconte !

— La vie au village est difficile. Il y a très peu de travail, beaucoup de jeunes sont déjà partis en

Europe pour avoir une vie meilleure et aider leur famille. Malgré la peur, mes parents ont accepté que je fasse ce voyage. Ils veulent que je réussisse ma vie.
— C'est toi, Lamarana, qui as voulu partir ? Moi, j'ai été désigné par les villageois, on ne m'a pas demandé mon avis. Chez moi, la nourriture commence à manquer. La terre et le bétail souffrent de la sécheresse. L'un d'entre nous devait quitter le pays pour aller étudier, gagner de l'argent et revenir sauver notre village.

*

Après six heures passées dans un bus puant la sueur, surchargé de mangues, de poulets, de paniers en paille destinés à être vendus sur le grand marché, ils arrivent enfin à Dakendis.
— Tu as un endroit où dormir ? demande Ibrahim.
— Oui, je vais chez la tante de ma mère. Elle habite à côté. Et toi ?
— Je dois aller chez le cousin Falou, répond Ibrahim en lui montrant l'adresse.
— Ah, je vois où c'est. Tu remontes cette grande rue, et là tu vas voir un garage, tu tournes à droite, tu passes devant la poissonnerie, et tout de suite à gauche c'est la rue que tu cherches.
— OK ! Je vais me débrouiller. À demain au port ! lui lance-t-il avant de disparaître dans la ville.

À BORD...

Levé à l'aube, Falou accompagne Ibrahim au port pour embarquer sur *L'Arche*, l'énorme bateau de marchandises qui emmènera son jeune cousin à Marseille. L'adolescent regarde de tous les côtés à la recherche de Lamarana, mais il ne la voit nulle part. *J'espère qu'elle va venir. J'ai pas super envie de faire la traversée tout seul...* pense-t-il, nerveux.
Un homme s'approche, grand et costaud. Il salue rapidement Falou d'un signe de tête et lance à Ibrahim d'un ton autoritaire : « Vite, il faut se dépêcher avant que la police nous voie ! Certains policiers ferment les yeux, mais c'est risqué... Mets-toi dans la file et attends ton tour ! » Juste le temps de dire au revoir, et Ibrahim rejoint les prétendants au voyage qui se bousculent pour monter sur le bateau. En se retournant, un peu plus loin il voit Falou donner de l'argent à l'homme.

À bord, ils sont une cinquantaine de passagers dans la soute sombre et peu accueillante. Un marin désigne une place à chacun et annonce qu'une fois en haute mer, il sera possible de sortir sur le pont. Ibrahim s'installe sur une grosse caisse en bois. Le grondement des moteurs est assourdissant et l'odeur du mazout écœurante.

Mais le navire lève l'ancre, il sent le bateau bouger... Et toujours pas de Lamarana ! L'inquiétude l'envahit. Seule dans un endroit pareil... que devient-elle, avec son allure de garçon ? Soudain il se sent extrêmement seul. Il quitte sa place pour explorer les coins et recoins de la soute afin de trouver sa nouvelle amie. *Lamarana est là, elle est forcément dans la cale...* tente-t-il de se rassurer.

La mer est agitée. Ibrahim tangue, écrase des pieds, trébuche, s'accroche à des bras, à des épaules pour éviter la chute. Il appelle Lamarana, en vain. Elle lui manque trop ! Des gens s'énervent et s'insultent dans toutes sortes de dialectes. « Arrête de crier et regarde où tu vas, toi ! » lance un grand costaud à l'air patibulaire à côté de lui. « Hé ! Ça va pas, non ?! » crie un autre en le poussant si violemment qu'Ibrahim vacille et se retient de justesse à la chemise d'un troisième qui lui détache la main brutalement. « Lâche-moi ! T'es fou, toi ! »
Ibrahim s'étale de tout son long. Un rire clair lui fait lever la tête. Une joie soudaine l'envahit.
— C'est toi, Lamarana ? Je te cherchais !
— Tu m'as trouvée, ha, ha, ha ! réplique-t-elle en lui tendant la main.
Il se redresse, totalement soulagé et, mettant la main à sa ceinture, s'aperçoit que son talisman a disparu. *Merde, j'ai perdu mon grigri !* se dit-il.
À quatre pattes au milieu d'une marée humaine, les deux amis se mettent à sa recherche. Les invectives repartent de plus belle. « C'est encore toi !?!

Retourne à ta place, tu vas faire couler le bateau ! » lance l'homme à la mine patibulaire, prêt à lui bondir dessus et à le rouer de coups.

— Je l'ai ! Je l'ai ! s'écrie soudain Lamarana en montrant au creux de sa main le petit objet en cuir.

Ibrahim s'empresse de raccrocher son précieux grigri à son pantalon.

— Tu crois à ce truc, toi ? demande-t-elle, moqueuse.

— C'est mon porte-bonheur, le grand marabout me l'a donné avant mon départ, ne te moque pas ! réplique-t-il, blessé.

Au bout de quelques heures à voguer sur les eaux, des passagers se tiennent le ventre en gémissant. Certains vomissent dans des sacs en plastique, d'autres sur le sol. Ibrahim se tourne vers son voisin :

— Pourquoi ils vomissent ?

— C'est le mal de mer.

— Viens Lamarana, on sort sur le pont. Ça pue, c'est dégueulasse !

Enfin à l'air libre ! La lumière vive leur fait mal aux yeux.

— Ah ! On respire ! C'est la première fois que je vois autant d'eau. À Kakagné, nous n'avons qu'un petit lac. Avec mes amis, on le traverse à la nage en cinq minutes.

— Moi j'avais déjà vu la mer à Dakendis, mais c'est la première fois que je prends le bateau. On se sent vraiment minuscule au milieu de toute cette eau.

Quelle chance tu as de savoir nager ! Moi, je n'ai jamais pu apprendre. Oh ! Regarde, Ibra, des poissons qui sautent ! Ça vole, les poissons ?
— Ce sont des dauphins, les renseigne un marin.
— C'est dangereux ? On peut les manger ? demande Lamarana.
— Les manger ? Non. Les dauphins sont inoffensifs et très intelligents. Ils nous montrent la route jusqu'à la terre ferme...

*

Leur route... Il faudra encore que Lamarana et Ibrahim, fatigués et affamés, scrutent l'horizon durant plusieurs jours. Jusqu'à ce que, par un matin clair, sur une mer calme, Lamarana s'écrie : « Terre ! Terre ! On arrive ! »

MARSEILLAIS ?

Sur les quais, des conteneurs de toutes les couleurs à perte de vue sont rangés méthodiquement. D'immenses grues chargent et déchargent des marchandises. Des dockers s'affairent en hurlant. Perdus dans ce brouhaha, ne sachant où aller, Ibrahim et Lamarana restent immobiles. Jusqu'à ce qu'un marin les pousse vers la sortie du port. « Dépêchez-vous ! Filez avant l'arrivée de la police ! »
Soudain inquiets de ce qui pourrait leur arriver, les deux jeunes amis détalent à toute allure, suivis par les autres passagers... Après une course effrénée, ils s'arrêtent pour reprendre leur souffle. Il fait chaud en ce mois de juin, mais ce n'est rien comparé au pays. Autour d'eux, coquillages et crustacés s'étalent sous leurs yeux soudain émerveillés.
— Je meurs de faim, avoue Lamarana.
— Pareil. Il faut qu'on trouve à manger.
— Sur le chemin de la gare, peut-être ?
— Mais elle est où, la gare Saint-Charles ?
— Demandons à ces jeunes ! Ils ont l'air sympas.
Lamarana s'approche sans hésiter d'un groupe de lycéens de leur âge.
— Bonjour ! Vous savez où se trouve la gare pour aller à Paris ?

Un garçon brun et grassouillet, les cheveux mi-longs coiffés en arrière, se lance dans une longue explication en faisant plein de gestes avec les mains. Quelle langue bizarre et incompréhensible ! On dirait du français, c'est vrai, mais ça va vite, trop vite ! Et l'accent est étrange.

— Je ne parle pas votre langue. Vous parlez le français, là ?

Les jeunes éclatent de rire et d'un signe de la main les invitent à les suivre. Des étals de fruits et légumes magnifiques envahissent le trottoir le long de la rue de la République.

— Qu'est-ce que j'ai faim ! J'en peux plus... marmonne Lamarana, dévorant des yeux les tomates et les cerises rouges.

— Eh ! Vous faites quoi ? Vous venez, on n'a pas que ça à faire ! crie un grand garçon très mince en revenant vers eux. Vous avez la dalle ? Ben faut manger alors ! sourit-il en se servant une énorme poignée de cerises. Vite ! Courez !!!!

Le marchand de primeurs sort de son magasin le poing en l'air en hurlant. Ibrahim et Lamarana suivent les lycéens qui filent jusqu'à la gare Saint-Charles.

— Voilà, vous êtes arrivés, dit le garçon grassouillet, essoufflé. Tenez, quelques cerises en plus pour votre voyage. Bonne chance, faites attention à vous. Et au fait... bienvenue chez nous !

— Merci à vous, les amis. Vous nous avez bien aidés, répondent-ils la bouche pleine de fruits.

Dans le hall, des voyageurs chargés de grosses valises vont et viennent. Une voix annonce le départ du TGV n° 28519 de 17 h 12 à destination de Paris.

— Super ! On peut prendre ce train, mais d'abord faut acheter nos billets, dit Lamarana qui cherche les guichets des yeux. Oh, non ! Il y a trop de monde, on va le rater !

— Regarde, des gens se servent des machines là-bas, lance Ibrahim.

Il s'approche d'un homme et lui demande de l'aide, en espérant arriver à le comprendre.

— Pour acheter vos billets, il faut une car-te-de-cré-dit, dit ce dernier en détachant les syllabes, constatant qu'il a affaire à de jeunes étrangers. Une *carte !* répète-t-il en montrant la sienne qu'il vient de sortir de la machine.

— Nous n'en avons pas. On va rater le train... gémit Lamarana, déçue et à bout de forces.

— Bon, d'accord. Vous venez de loin, on dirait... Je peux payer les billets avec ma carte et vous me donnez l'argent. Ça vous va ? propose l'homme, qui les fixe du regard l'un après l'autre pour s'assurer qu'ils ont bien saisi.

— Merci, merci, monsieur, c'est très gentil de votre part. Vous nous sauvez la vie !

Leurs billets en main et le cœur battant, ils attrapent le TGV de justesse. Confortablement installés en seconde classe, les dernières cerises avalées, ils ne tardent pas à sombrer dans un profond sommeil.

PUIS PARISIENS !

« Mesdames et messieurs, le TGV entre en gare de Paris-Lyon. Terminus. Nous espérons que vous avez effectué un agréable voyage... »
Le quai est bondé. Les gens se dépêchent en tirant leurs valises roulantes. Des familles, des amis se retrouvent, se prennent dans les bras en s'embrassant. Ibrahim et Lamarana sont emportés par la foule vers la sortie. Arrivés sur le parvis, ils assistent au ballet des bus qui déversent des flots de voyageurs. Deux hommes se disputent un taxi, des trottinettes fendent l'air dans tous les sens, un énergumène passe devant eux sur un drôle d'engin à deux roues et sans guidon en les évitant de justesse.
— Attention ! On va se faire tuer ! Il faut qu'on parte d'ici ! lance Lamarana en attrapant Ibrahim par le bras.
— Pour aller où ? Tu sais où dormir ce soir ?
— J'ai le numéro d'un garçon de mon village qui habite Paris depuis quelques années, mais je ne le connais pas... Et puis j'avoue que j'ai un peu peur de me perdre et de me retrouver seule, répond Lamarana en baissant les yeux.
— Moi non plus, aucune envie de me retrouver tout seul dans cette ville dangereuse. Je vais appeler Yacouba, j'ai son numéro sur moi. Je connais

très bien sa famille, je suis sûr qu'il sera d'accord pour que tu viennes aussi. Il faut juste trouver un téléphone.
— Merci Ibrahim, à deux on est plus forts, on peut soulever des montagnes...
— ... Et traverser des mers, ajoute Ibrahim en souriant.

Plantés sur le trottoir, Lamarana et Ibrahim regardent les passants pressés qui ne font pas attention à eux. La crainte de devoir passer la nuit dans la rue commence à les envahir, quand une dame chic et bien habillée s'arrête et leur demande :
— Je peux vous aider ?
— Oui, madame. Vous auriez un téléphone pour appeler un ami ? Vous nous sauveriez la vie. Nous pouvons vous payer.
La dame tend son téléphone.
— Bien sûr, tenez ! Gardez votre argent.
Ibrahim, soulagé, compose le numéro. Yacouba décroche.
— Bonjour, c'est Ibrahim, tu te rappelles de moi ? Je suis arrivé à Paris. Tes parents m'ont dit, à Kakagné, que tu pouvais me loger. Je peux venir chez toi avec mon amie Lamarana ? Tu habites où ?
— Écoute, ça ne va pas être possible. Il n'y a plus de place chez moi et je n'ai pas le temps de m'occuper de toi.
— Mais... je croyais que... On a nulle part où aller, nous ! réagit Ibrahim en colère.
— T'énerve pas, l'ami. Va à la Croix-Rouge, ils vont

t'aider.

— Mais je ne sais pas où c'est, il est tard, on est fatigués. Comment tu peux me faire ça ?

— Débrouille-toi ! C'est pas mon problème, conclut Yacouba avant de raccrocher, laissant Ibrahim abasourdi.

Il rend le téléphone à la dame en secouant la tête, l'air dépité.

— Merci pour votre aide, madame.

— Alors, comment vous allez faire ? Où allez-vous loger ?

— On va se débrouiller, madame.

— Je ne peux pas vous laisser comme ça. C'est dangereux de dormir dehors. Si vous voulez, vous pouvez venir chez moi.

Les deux jeunes se regardent, stupéfiés par cette proposition inattendue.

— Mais vous ne nous connaissez pas et vous nous invitez chez vous ? Qu'est-ce que tu en penses, Lamarana ?

La jeune fille, qui n'a pas ouvert la bouche, acquiesce vivement de la tête.

— Vous ne me dérangez pas, j'ai un grand appartement. Je m'appelle Emmanuelle, et vous ?

— Moi c'est Ibrahim, et elle, Lamarana. On vient du pays de Malindes, au-delà des mers et des océans.

— Bienvenue, grands voyageurs ! Allez, suivez-moi, on va prendre le métro.

*

Un rugissement tel celui d'un dragon se fait entendre à l'autre bout du tunnel sombre. Le métro arrive dans un vacarme infernal.
— Wahooo ! s'écrie Lamarana, excitée à l'idée de monter à bord de ce monstre qui traverse la capitale à une vitesse vertigineuse.
La dame, amusée, leur dit qu'elle habite dans le Ve arrondissement et qu'ils vont passer sous la Seine. Lamarana et Ibrahim se mettent à rire, ravis de cette nouvelle aventure, et remercieraient presque Yacouba d'avoir refusé de les accueillir.
— Saint-Michel, on descend là, leur dit-elle dix minutes plus tard en ouvrant la porte du wagon.
Remontés à la surface, leur regard tombe sur un immense monument qui semble flotter sur la Seine et toucher le ciel.
— C'est la cathédrale Notre-Dame. Elle est sur une île appelée l'île de la Cité au milieu de la Seine. C'est un très vieux bâtiment du XIIe siècle. Les Parisiens et les touristes l'adorent.
Les jeunes gens se perdent en contemplation devant les gargouilles, qui ressemblent à des démons. Ibrahim serre fort son grigri.
Puis, un peu plus loin, ils s'arrêtent devant un bel immeuble ancien. La dame compose un code, la porte s'ouvre sur un hall en marbre blanc : un grand escalier recouvert d'un tapis rouge immaculé les invite à monter.

— On va prendre l'ascenseur.
La boîte se referme sur eux, des boutons clignotent, Ibrahim et Lamarana ont la sensation d'être propulsés dans les airs. « *Cinquième étage* », annonce une voix métallique.
— Voilà, on est arrivés, lance-t-elle joyeusement en ouvrant la porte. Entrez ! Ne soyez pas timides. Je vous montre votre chambre, c'est par là, indique-t-elle en les invitant à la suivre dans le couloir. C'est la chambre de mon fils, il est parti travailler en Amérique du Sud il y a un an. Je pense que vous serez bien. Par contre, il faudra partager le lit. Ça ne vous dérange pas ?
Lamarana et Ibrahim font non de la tête, trop heureux à la perspective de pouvoir dormir dans un vrai lit après leur long voyage.
— Et ici, c'est la salle de bains, poursuit-elle en ouvrant une porte qui communique avec la chambre. Une baignoire incroyable occupe toute la longueur d'un mur.
On pourrait y dormir dedans tellement elle est grande... pense Ibrahim en s'approchant pour voir ce qu'il y a à l'intérieur. À côté, deux lavabos blancs avec des robinets dorés et un immense miroir au-dessus, dans lequel il aperçoit son visage aux traits tirés et aux yeux rougis par la fatigue... *De l'or doit couler de ces robinets !...* s'imagine-t-il en se précipitant pour les ouvrir, mais à sa grande déception ce n'est que de l'eau.
— Le temps que je prépare le repas, prenez une douche, installez-vous. Il y a du savon, du

gel-douche, du shampooing et des serviettes, conclut leur hôtesse avant de fermer la porte pour les laisser tranquilles.
Une fois seuls, ils explosent de joie. Lamarana se jette sur le lit.
— Je n'aurais jamais imaginé ça ! On a de la chance ou c'est normal ?
— C'est mahboul*, tu veux dire ! Je suis sûr que c'est le grigri qui nous protège, répond Ibrahim en le détachant pour l'embrasser. Nous aussi on habitera bientôt un appartement aussi beau. On gagnera beaucoup d'argent, et en moins de deux je rentrerai chez moi les poches remplies d'or pour faire tomber la pluie.
— Prem's ! rigole Lamarana en courant vers la salle de bains.

*

Pendant le dîner, les deux jeunes gens racontent leur périple à Emmanuelle. Touchée par leur histoire et leur courage, celle-ci leur propose de les aider dans leurs démarches. Ils pourront rester chez elle le temps de trouver un logement.
Rassurés et heureux, ils s'endorment le sourire aux lèvres, confiants en leur avenir.

*

Les aventuriers ouvrent les yeux bien après le lever

du soleil. Ils trouvent Emmanuelle au téléphone, dans le salon.
— Enfin debout, les marmottes ! s'exclame-t-elle en raccrochant. J'ai de bonnes nouvelles pour vous !
— Bonjour, madame Emmanuelle. On a trop bien dormi. Je pourrais passer ma vie allongée sous la couette, et les coussins sont moelleux ! répond Lamarana.
— J'ai contacté une association qui aide les jeunes comme vous à trouver un logement, nous irons remplir un dossier demain. Et jeudi, rendez-vous au rectorat pour voir dans quelle classe vous inscrire au lycée. En attendant, que diriez-vous d'un bon petit déjeuner à la française ? Ensuite, je vous fais visiter Paris. Vous connaissez les croissants ?
— Vous êtes vraiment gentille avec nous. Comment vous remercier ? Nous avons hâte de commencer l'école pour aider nos familles. Elles seront fières de nous, hein, Lamarana ? répond Ibrahim, ému.
— Et comment ! Tu nous imagines à notre retour ? Des stars ! On défilera en voiture décapotable, blague-t-elle.
— N'oubliez pas de les appeler tout à l'heure pour les rassurer, conseille Emmanuelle.

Ils découvrent avec délice les croissants chauds trempés dans le café au lait, les tartines de pain beurrées à la confiture de fraise. Ce festin avalé, c'est le ventre bien plein et des étoiles dans les yeux qu'ils découvrent la Ville lumière. Toutefois, ils ne cachent pas une certaine déception face aux histoires qu'on leur a racontées au pays : place Saint-Michel, la fontaine ne crache pas du Fanta mais de l'eau, des quantités d'eau qui pourraient irriguer les champs et abreuver le bétail. Comme le laissaient présager ceux qu'ils ont vus devant la gare de Lyon, les trottoirs ne sont pas non plus en or massif, mais en béton gris. Quant aux distributeurs automatiques, ils n'offrent pas des billets de 500 euros aux passants !

Leur balade les amène au Quartier latin où se trouvent les universités, le Panthéon où sont enterrés les grandes femmes et grands hommes français, et le jardin du Luxembourg, dans lequel ils découvrent la mini-statue de la Liberté et le Sénat. Après avoir dégusté une glace à la banane et à la fraise dans un délicieux cornet et bu un Fanta au soleil devant le bassin, Emmanuelle annonce :

— J'ai une surprise pour vous, maintenant.

— C'est quoi ? demande Lamarana, tout excitée.

— Je ne vous dis rien, c'est une surprise. Venez, on va prendre le métro.

En sortant de la station Bir-Hakeim, le suspense est à son comble.

— On est où ? On va où ? demandent en cœur les deux adolescents.

Emmanuelle, sûre de son effet, répond en montrant du doigt :

— Là !

— La tour Eiffel, Ibrahim ! s'exclame Lamarana qui n'en croit pas ses yeux.

Au pied de la Dame de fer, des flots de touristes du monde entier se pressent pour faire des photos, d'autres font la queue pour monter au sommet. Des vendeurs africains et asiatiques agitent des tours Eiffel porte-clefs, des foulards « I love Paris » sous le nez des visiteurs.

— Elle est vraiment gigantesque et puissante. Ses pieds sont énormes comme les pieds des éléphants ! remarque le garçon, fasciné.

— Je n'arrive pas à voir son sommet, poursuit la jeune fille, la tête penchée en arrière.

— Nous irons aussi haut qu'elle, Lamarana !

QUATRE ANS PLUS TARD...

Mes chers parents,

Je préfère vous écrire, car j'ai trop de choses à vous raconter, par téléphone ça coûterait trop d'argent. J'espère que Maman va mieux, elle était un peu fatiguée quand je vous ai appelés la semaine dernière pour vous annoncer que j'avais obtenu mon bac avec mention.

Comment s'est passé le mariage de Kaka et Mélissa ? Je me demande encore comment il a pu trouver une femme avec la vilaine tête qu'il a, à moins qu'elle soit aveugle ! Je rigole, j'adore mon vieux copain. Je suis tellement triste de ne pas avoir assisté à cette grande fête. Vous me manquez et mon pays aussi : l'odeur de la pluie du soir sur la terre sèche, la lumière du soleil couchant sur la forêt, le meuglement des vaches quand j'approchais du galé le matin. J'ai été heureux et soulagé d'apprendre que la pluie est revenue et que les champs peuvent à nouveau nourrir tout le village. Ça donne de l'espoir !

Comme vous le savez déjà, la vie n'est pas facile tous les jours ici. Ce n'est pas aussi formidable que ce qu'on nous laissait croire au pays. L'argent ne pousse pas au pied des immeubles ! Mais j'ai la chance de connaître des personnes formidables, qui m'aident à grandir et me redonnent du courage quand je n'en ai plus. Maman Emmanuelle compte beaucoup pour moi, je la vois régulièrement pour de longues balades à Montmartre, sur les quais de Seine, des visites au musée du Louvre. Elle est toujours là pour m'aider et m'écouter quand j'ai le mal du pays. Un jour, j'aimerais l'emmener à Kakagné, qu'elle découvre ta cuisine, Maman.

Tiens, vous vous souvenez de Joseph qui apprenait le français avec moi ? Eh bien, il vient d'avoir une bourse pour passer une année au Japon. Il va apprendre l'art du manga (c'est un genre de bande dessinée). C'est un génie du dessin, ce gars ! Je suis très content pour lui, mais un peu triste, car on ne se verra pas pendant longtemps. Quant à Lamarana, ma sœur de cœur, elle a réussi le concours d'entrée à l'école d'infirmière, elle vient de déménager à Lyon. C'est un vrai déchirement de la voir partir, mais je crois qu'elle est tombée amoureuse d'une certaine Julie. Paris ne va pas avoir la même saveur sans eux, mais je vais travailler comme un fou.

J'ai reçu un courrier hier, je quitte le foyer dans deux semaines. J'ai trouvé un studio d'étudiant pas très loin de ma nouvelle école. Je commence les cours en septembre en BTS gestion et maîtrise de l'eau, et si tout va bien je serai diplômé dans deux ans. Tous mes professeurs, M. Juliao, Mme Fenoulhet, Mme Anne, Mme Kessler, M. Duranthon, Mme Oddon, la CPE Mme Lerville et la proviseure Mme Traoré, m'encouragent à poursuivre mes études.

Je sais que vous êtes tristes, car vous espériez que je rentre dès l'obtention de mon bac. Mais il me reste encore des choses à apprendre, c'est une vraie chance qui m'est offerte. Avec mon BTS en poche, je pourrai avoir un bon poste à Dakendis. Je trouverai des solutions pour irriguer les champs, nourrir la population, apporter l'eau potable aux quatre coins du pays. Vous serez fiers de moi.

Saluez tous mes amis, dites-leur qu'ils me manquent et que je ne les oublie pas.
Je pense très fort à vous. J'ai hâte de vous serrer dans mes bras. Avec Anisa, nous voulons nous marier. Vivement mon retour. C'est promis, elle aura la plus belle des vies.

Ibrahim, votre fils qui vous aime.

Glossaire

Biir (*arabe*) : puits
Donnbad (*bangala*) : merci
Froufrou (*soninké*) : beignet africain sur lequel on met du sucre
Galé (*soninké*) : étable
Goupé (*soninké*) : case traditionnelle africaine
Ladé (*peul*) : forêt
Mahboul (*arabe*) : fou
Ouch, ouch ! (*soninké*) : vas-y !
Oulaoura (*bangala*) : étable
Siwak (*arabe*) : bâton en bois utilisé comme brosse à dents (pas la peine de mettre du dentifrice)
Tchipper : faire un bruit de bouche avec la langue pour exprimer son mécontentement
Yalla ! (*arabe*) : on y va ! [Yadhhab, dans le texte]

Remerciements :

Mme Traoré, proviseure du lycée Lucas-de-Nehou, qui a permis la réalisation du projet.
Mme Assoni et M. Duranthon, pour leur soutien et leur immense aide.
Maïa Brami, grâce à qui cette histoire a vu le jour.

Avec une dédicace spéciale aux professeurs et à la conseillère principale d'éducation dont les noms apparaissent dans cette histoire (cherchez bien !).

Ce livre est dédié à tous les enfants qui, un jour, sont partis loin de chez eux dans l'espoir d'une nouvelle vie.

Hekmatullah Ahmadzai, Idrissa Camara, Ousmane Camara, Koffy Cessay, Phurbhu Choklho, Mamadou Diakité, Alseny Diallo, Dmytro Dietkin, Xin Yan Guo, Bahara Ibram, Aly Keita, Passang Tsering, Chabro, Rebecca Bernadette Mayindu, Rikson Miah, Alagie Suwaneh, Mohamed Ali Zaabi

De la classe de l'UPE2A-LP
Lycée Lucas-de-Nehou (Paris – V[e] arrondissement)

Illustrations : Alagie Suwaneh, Alseny Diallo, Aly Keita, Bahara Ibram

Enseignants :
Nadine Croguennec-Galland, professeure de français
Fatma Eskiocak Istanbullu, professeure de français
Jacques Duranthon, professeur d'arts appliqués

Avec le parrainage d'Alain Absire, auteur

MIRACLE À BOLLYWOOD

Roman collectif

De Dhaka à Bombay...

HASSAN

Le jour se lève à peine sur les voies ferrées de Dhaka. Hassan sort la tête par la portière du wagon surpeuplé. Tandis qu'un paysage sec et désertique lui défile devant les yeux, le jeune garçon revit la scène de cauchemar de la nuit précédente. Au milieu de leur taudis de planches et de tôles, il se revoit : lui qui essaie d'empêcher Jome, son père, de frapper Min, sa mère. Elle qui tombe par terre... Jome qui,

devenu fou de rage, commence à donner des coups de poing, des coups de pied à Min, alors que, enfermés dans leur chambre, avec ses frères et sœurs il n'ose pas tenter quoi que ce soit pour la secourir. Et cela dure depuis un an ! Comment supporter une situation pareille plus longtemps ? Soit il tue son père, soit il quitte pour toujours ce bidonville que désormais il déteste. Alors, effrayé à l'idée de commettre un meurtre, il se jette dehors en courant sans se retourner, sans dire au revoir. Les cris de sa mère le poursuivent. Il ne reviendra jamais...
Recroquevillé sur la banquette de bois de troisième classe, Hassan pleure dans ce wagon bondé. Ses larmes lui coulent sur le visage, elles roulent silencieusement sur ses joues, alors qu'en son for intérieur il a la rage. Il voudrait avoir la force de hurler. Il pense à sa mère et à ses six frères et sœurs. Que vont-ils devenir, eux tous, à la merci d'un père alcoolique ?

Se faufilant par l'espace vide du carreau cassé depuis longtemps, une fois encore Hassan a rejoint le toit du wagon pour échapper au contrôleur qu'il a aperçu de loin. Il fait déjà 34 degrés, le soleil tape fort et le vent chaud souffle sur lui et sur les centaines de malheureux juchés sur ce vieux train. Voilà cinq heures qu'il est perché là-haut, assoiffé, les fesses posées sur la tôle brûlante. Il prend en pleine figure les paquets de fumée noire de suie que la locomotive leur crache dessus. « Oh, Allah... Oh, Ganesh... gémit-il, qu'est-ce que je fais là ? Je ne sais même pas dans quelle direction je vais ! »

Il n'en pouvait plus. Il a quand même pu redescendre à l'arrêt suivant et, par chance, s'est trouvé cette fois-ci une place assise. Mais il a envie de vomir, car ce train est extrêmement sale et nauséabond. Un mélange d'odeurs très désagréables empêche les passagers de bien respirer. La transpiration, la nourriture, les détritus jetés partout dans les wagons s'accumulent. Certains transportent des poules dans des cages, ça caquette et ça pue. Il y a même des chiens pelés qui courent la langue pendante dans les allées. Les vendeurs passent pour convaincre les passagers voyageant souvent en famille d'acheter à manger et à boire ainsi que des objets tels que lunettes, chapeaux, bijoux... Mais Hassan s'enfuit les mains vides. Il n'a même pas 10 takas sur lui. Et impossible de dormir avec les secousses et les grincements du train, les enfants qui pleurent, les gens qui discutent pour une place assise, et cet homme qui, cherchant son portefeuille et son téléphone portable, crie et menace tout le monde...

Sans montre, Hassan n'a aucune idée de l'heure qu'il est. Alors qu'il regarde dehors depuis la fenêtre, le conducteur du train actionne régulièrement son sifflet à vapeur car des enfants inconscients du danger jouent sur les rails. Hassan observe les bidonvilles qui défilent sous ses yeux et ressemblent au sien, à celui où la vie de sa famille est devenue infernale. Les femmes font le ménage, certaines vendent du lait ou bien des légumes. Les enfants sont partout, pieds nus devant les maisons, dans les champs, certains nagent dans des mares ou des cours d'eau en partie asséchés, pendant que leur mère lave le linge un peu plus loin. Il aperçoit aussi des agriculteurs et du bétail : des vaches très maigres, la plupart du temps au repos...

La nuit va bientôt tomber, elle sera toute noire. Le calcul est vite fait : cela fait au moins vingt heures qu'il a fui et le train entre en gare de Jessore. C'est presque la frontière avec l'Inde. Terminus ! On ne va pas plus loin.
Aucun retour n'est plus possible.
Les jambes flageolantes, dévoré par la faim, déboussolé, ne sachant plus vers où il doit se diriger, la gorge nouée et les mains tremblantes, Hassan se laisse tomber sur un banc, peut-être pour s'y laisser mourir de faim. Et là, dans son dos (mais il n'ose pas se retourner), deux jeunes de son âge bavardent entre eux :
— Tu connais, toi, Bombay ? demande le plus petit.
— Non, je connais pas, mais il paraît que là-bas on engage beaucoup de danseurs et de chanteurs de notre âge pour le cinéma. On y va ? Le bon train pour Bombay part bientôt, au quai n° 7.
Bombay... Hassan qui les écoute attentivement se dit : *Pourquoi pas ? Bombay ? C'est grand... Là où j'en suis... Ai-je le choix ?*

° ° °

Bombay, enfin ! Après une deuxième nuit et un jour entier, encore caché sur le toit ou au fond d'un wagon. Et maintenant... ces piliers dressés très haut et les plafonds décorés de Chhatrapati Shivaji, appelée aussi Victoria Terminus. Et ces carrelages, ces peintures, ces vitraux... ça ressemble à une mosquée. Seul et affamé dans l'immense gare, Hassan est perdu. Tout le monde parle en même temps. Il a du mal à comprendre ce qui se dit autour de lui car il ne parle que le bengali et l'anglais, qu'il apprend en classe et en regardant des films sur la vieille télé de son père si souvent absent. Pressés, des gens de tous âges s'entassent jusque sur le bord des quais... Ils ont l'air si fatigué ! Comment font-ils pour ne pas tomber entre les rails ? *C'est trop dangereux !...* pense Hassan. *Surtout pour les enfants...* Les voix semblent rebondir sous la voûte. Les freins des trains qui s'arrêtent grincent et les annonces dans les haut-parleurs sont assourdissantes. Brusquement, Hassan panique. Reviendra-t-il un jour chez lui, au Bengale ? Son ventre est vide, il a la tête qui tourne et ne sait pas comment il va manger. Il regrette d'être parti mais c'est trop tard. Il lui faut sortir de là ! Il se jette dans le hall monumental, le traverse et se retrouve dehors sur une place immense où plein de taxis jaunes font la ronde en attendant. Il se met à courir, regarde de tous les côtés autour de lui. Dans la nuit, il aperçoit un pont sur le côté de la gare et s'y réfugie. Il s'y retrouve au milieu de mendiants crasseux qui dorment sous des bouts de cartons pliés.

C'en est trop ! Ses jambes se dérobent sous lui. Assis par terre, il se prend la tête entre les mains et se met à pleurer.

Une voix douce, soudain, le tire de son chagrin :

— Pourquoi tu pleures ? Tu es tout seul ? Tu as faim ? Tu veux partager ma couverture ?

Il relève la tête et, penchée vers lui, il voit une fille au visage très fin, avec des cheveux très longs, des yeux d'un noir d'encre et un regard profond.

— Tiens, il me reste une chapati, tu la veux ?

Elle porte un sari qui a dû être très joli mais qui, malgré ses couleurs, paraît aujourd'hui bien usé. Alors qu'elle lui tend sa galette, il est aussi frappé par les bijoux, collier et boucles d'oreilles qu'elle porte. Et cela même s'il se doute qu'ils sont en verroterie et ne sont que de fausses pierres précieuses. Tendant la main, il prend la chapati et la mange directement.

— Merci. Pourquoi es-tu si gentille avec moi ? demande-t-il après avoir tout avalé.

— Ça me rend triste de te voir en train de pleurer, lui répond l'inconnue en s'asseyant par terre à côté de lui.

— Comment tu t'appelles ? Moi, c'est Hassan.

— Et moi Zaara, répond-elle.

Aussitôt Hassan est frappé, car c'est justement le prénom de l'héroïne de son film préféré, *Veer-Zaara*, qui raconte l'histoire d'amour d'un pilote d'avion indien qui sauve une femme pakistanaise après un accident. En plus... cette fille ressemble à l'héroïne. Hassan lui demande :

— Tu habites à Bombay ?

— Oui, répond-elle. Et toi ?

— Je viens de Dhaka.

— Mais c'est pas en Inde ! Tu es venu comment ?

— J'ai pris le train...

— Tout seul ? Mais pourquoi ?

— Parce que je m'entends pas bien avec mon père... hésite Hassan. Il est cheminot et souvent au chômage. Tous les soirs, il sort avec ses collègues pour boire. Ensuite, il rentre assez tard pour ne pas rencontrer Min, ma mère. Alors, s'il tombe sur nous, ses enfants, il nous frappe Maman et moi. Parfois, Min attend son arrivée très tard. Mon père sait que, dans ces cas-là, il risque d'avoir une grande discussion avec elle. Alors, au besoin, il la sort du lit de force et nous avec. Les enfants du bidonville se réveillent à leur tour et tous les voisins entendent nos cris.

— Moi, je suis orpheline, reprend Zaara. Je travaille dans un hôpital où je fais le ménage. Le soir, j'essaie de trouver quelque chose dans la gare, je fouille dans les wagons, je ramasse des pièces de monnaie et ce que les gens ont oublié : nourriture, journaux, lunettes, foulards perdus que je revends ensuite. Moi, ce n'est pas mon père qui me fait peur, c'est Raman, mon frère, qui a quinze ans de plus que moi. C'est un voyou. Il veut me forcer à me marier avec Tarek, le patron du gang de notre quartier... Je suis obligée de me cacher ici, ajoute-t-elle en chuchotant, soudain stressée.

— Moi, c'est mon père, et toi, ton frère... Ça nous rapproche, tous les deux... soupire Hassan qui sent que Zaara a besoin d'un protecteur. Qu'est-ce que tu aimerais faire ? ajoute-t-il, le regard soudain brillant.

Elle lui confie qu'elle aime danser et chanter comme au cinéma.

— Je rêve de Bollywood et de comédies musicales.

— Moi aussi, dès que je peux je vais au cinéma, avoue Hassan.

Bollywood à Victoria Terminus...

Il y a énormément de monde et de poussière dans les rues de Bombay. Des vélos, des rickshaws, des motos, des voitures zigzaguent, se dépassent, manquent de se rentrer dedans, et Hassan, dont la tête tourne, a l'impression que tous les conducteurs klaxonnent en même temps. Les vaches sacrées qu'il observe avec beaucoup d'étonnement vont et viennent librement, ou restent couchées en travers de la route sans que personne ne les déplace. Les piétons et les vélos traversent en tous sens. On parle, on s'agite, on court, on crie. Les petits accidents s'enchaînent. Les policiers tentent de gérer la

situation mais à quoi bon ? Bien que Zaara lui ait expliqué quel chemin emprunter pour aller la chercher à l'hôpital, il se perd plusieurs fois, est obligé de revenir sur ses pas, se retrouve dans un cul-de-sac occupé par un groupe de mendiants, puis au milieu d'un marché, entre les étals d'instruments de cuisine, d'épices et de poissons, et encore dans un quartier aux ruelles sombres où des femmes au teint trop pâle l'appellent à l'abri du soleil et essaient de l'arrêter...

Enfin, le voici assis sur le trottoir, devant le Gokuldas Tejpal Hospital. Mais il n'ose pas entrer. Il attend le départ de l'agent de sécurité pour pouvoir se faufiler à l'intérieur. Il a peur de se faire arrêter par la police. Il ne veut pas aller en prison, ni retourner au Bangladesh. Beaucoup de gens ont planté leur tente devant l'entrée. Comme eux, il est affamé. Il a les jambes sciées et mal au ventre. Depuis trente minutes qu'il est là, il pense à Zaara et craint qu'elle en ait marre de guetter son arrivée.

Prenant son courage à deux mains, il finit par retrouver sa nouvelle amie dans une grande salle commune. En blouse bleue, les cheveux attachés, elle est occupée à lessiver le sol entre les lits dans lesquels les malades – enfants trop maigres ou au front bandé, femmes au regard fixe et vieillards pouilleux – sont couchés, quand ils ne sont pas laissés à même le carrelage... Visiblement soulagée qu'il l'ait retrouvée, Zaara en profite pour lui présenter ses deux amies infirmières qui, dit-elle, l'aident et la protègent, car son frère rôde sans arrêt.

— C'est mon ami Hassan ! dit-elle en souriant.
— Alors, c'est toi le fameux Hassan ? Tu viens du Bengladesh ? Depuis trois jours, Zaara nous parle tout le temps de toi.
— Moi, c'est Lima et voici Mahdubala, précise la plus âgée des deux en serrant la main de Hassan.
— Bonjour... répond Hassan timidement.
— Tu sais, Hassan, Raman est encore venu aujourd'hui, intervient gravement Zaara en l'entraînant un peu à l'écart. J'ai été obligée de me cacher dans les toilettes. Heureusement que tu es là, j'ai peur d'aller seule à la gare.

o o o

À la nuit tombante, Zaara et Hassan ont pris deux bouteilles d'eau minérale en douce aux cuisines de l'hôpital. Puis ils sont revenus à Victoria Terminus où, depuis la veille, en échange de quelques roupies, Hassan porte les bagages des voyageurs de première classe pour se faire un peu d'argent. Le dos cassé par le poids des gros colis ficelés et des lourdes valises d'une famille très riche et d'un groupe de jeunes filles venues de France, il n'a cessé la guetter pendant qu'elle fouillait les wagons. Puis, de nouveau ensemble, avant d'aller dormir sous le pont à côté de la gare, ils ont partagé un peu de poulet massala et de naans au fromage. Même si ce n'était qu'une petite portion, ils l'ont avalée en se racontant leur journée, puis ils ont fini par discuter de stars et de leurs films préférés.

— *Raja Rani*, c'est l'histoire d'un mariage arrangé entre Regina et John, précise Zaara. Alors qu'ils ne se connaissent pas, ils font semblant d'être un vrai couple pour faire plaisir à leurs familles, avant de finir par s'aimer.
— Moi, c'est *PK* que j'adore, confie Hassan. Ça raconte la recherche de Dieu par un extra-terrestre coincé sur la Terre.

Le lendemain soir, après avoir passé une journée éprouvante dans la rue à héler les rickshaws pour les voyageurs arrivant à Victoria Terminus, Hassan retourne à l'intérieur de la gare pour retrouver Zaara sur le quai où ils se sont donné rendez-vous. Mais c'est pire que la veille ! Il a du mal à franchir les portes d'entrée bloquées par une foule énorme. Il a peur de ne jamais y arriver, il panique. Il supporte ce travail pénible dans l'unique espoir de passer du temps avec Zaara, c'est le seul moment où il oublie tout et commence à rêver. Sans elle, cette souffrance ne sert à rien, il ne tient pas une seconde. Mais aujourd'hui, c'est un véritable enfer. En plus du vacarme habituel, il entend de la musique, des cris et des applaudissements. Que se passe-t-il ? Il tente de se frayer un chemin pour comprendre de quoi il s'agit... Et là... dans la lumière éblouissante d'énormes projecteurs, il tombe sur un tournage de cinéma. Impressionné, il voit les techniciens s'affairer sur le quai où ils ont l'habitude de se retrouver, Zaara et lui. Grimpé sur un banc, il aperçoit les acteurs et les actrices qui répètent la scène suivante dans une zone séparée par des bandes de sécurité pendant que les policiers essaient de gérer ce chaos. Un homme avec un porte-voix crie aux spectateurs de se taire et d'arrêter de filmer avec leur téléphone portable...

Scrutant chaque visage, de loin Hassan aperçoit enfin Zaara qui, oubliant la tristesse et la peur qui le reste du temps assombrissent son regard, s'émerveille. On dirait que, dans sa tête, elle s'imagine parmi les actrices. Les énormes caméras sont prêtes, mais on ne peut pas tourner à cause des spectateurs qui posent problème. Les techniciens s'efforcent de les calmer et de les repousser. C'est très compliqué. Des journalistes essaient de recueillir des infos sur le film et certains spectateurs veulent passer de force dans la zone interdite pour toucher les acteurs. Mais le tournage redémarre. « SILENCE ! SILENCE ! » hurle-t-on. On proteste, on se marche sur les pieds pour mieux voir. La musique jaillit sous les voûtes de la gare. Trois hommes et deux femmes s'élancent avec un groupe de chanteurs et danseurs tous habillés de la même couleur rouge. Excités et joyeux, ils crient et dansent aussi. Et Zaara ? Hassan qui l'avait perdue de vue la retrouve un peu à l'écart. Il est très étonné car ses lèvres bougent, elle semble connaître par cœur les paroles de la chanson :

« Je t'attends mon aimé depuis hier, et tu n'es pas là !
Tu me manques, je ne voulais pas commencer à danser sans toi !
Où es-tu ? Ton train a du retard, je ne le vois pas arriver.

Ta présence me redonnera de l'espoir.
T'espérer avec moi me donne envie de danser... »

L'actrice chante en play-back. Plusieurs trains arrivent, mais ce n'est jamais le bon, son amoureux n'est pas dedans. Désespérée, elle pense qu'il ne viendra pas. Mais pourquoi ? A-t-il annulé leur rendez-vous ? Suivie par les caméras, elle s'élance sur le quai que l'équipe du film a complètement vidé et, là-bas, oubliant tous ses malheurs, Zaara dévore la star du regard. Accompagnée par quelques danseuses qui l'incitent à danser encore, cette malheureuse héroïne s'alanguit sur le sol. Puis elle se relève, les mains devant les yeux. Pieds nus, elle commence à se déhancher et retrouve le sourire, lève les bras au-dessus de sa tête, tourne sur elle-même, s'agenouille, se redresse, forme une haie avec les autres danseuses auxquelles se sont jointes deux petites filles avec des fleurs dans les cheveux. Visiblement, Zaara ne perd pas un seul de ses mouvements. Hassan peut toujours l'appeler, elle ne l'entend pas.

Deux heures se sont écoulées et, tandis que les techniciens finissent de ranger le matériel de tournage, sous l'une des coupoles de la gare, Hassan et Zaara dînent avec les restes de la veille. Hassan parle de sa journée. Mais, malgré ses efforts pour l'intéresser, Zaara qui a beau ne pas le quitter des yeux ne lui répond pas. Son esprit est ailleurs... Soudain, en le fixant toujours du regard, elle se lève d'un bond. En quatre pas agiles, elle est au milieu du quai et commence à rejouer et danser de mémoire la séquence filmée en fin de soirée. Pieds nus, les mains devant les yeux ou au-dessus de sa tête, sans avoir besoin de danseuses pour l'accompagner, elle réussit à reproduire la chorégraphie de l'héroïne du film d'une façon parfaite. « *T'espérer avec moi me donne envie de danser...* » Elle chante aussi la chanson de sa voix douce. Puis elle enchaîne avec des figures improvisées, s'allonge par terre, soulève les bras en tournant délicatement les poignets. Déjà debout, elle détache ses cheveux longs. Elle tourne sur elle-même et autour de Hassan qui l'observe intensément. Elle bondit tout doucement sur ses pieds, tandis que ses mains et ses bras ondulent avec une délicatesse qui impressionne le jeune garçon. Et cette manière qu'elle a de le dévisager ! Sans se rendre compte que des gens se sont rassemblés autour d'eux, qu'ils commencent à l'applaudir et à jeter des pièces sous ses pieds, Hassan a l'impression qu'elle ne s'adresse qu'à lui seul et qu'elle le voit comme un prince de cinéma... *Elle est ma destinée...* se dit-il. *C'est elle que je suis venu chercher ici, à Bombay... Cette danse est comme une déclaration d'amour... Mais non ! Ce n'est pas possible. Qu'est-ce que j'ai fait pour la mériter ? Comment serais-je à la hauteur d'un tel amour ?...*

Alors qu'il se précipite pour féliciter Zaara, il ne remarque pas l'homme qui, un peu à l'écart près d'un pilier, silencieux et bien habillé, en costume-cravate, gilet noir et chemise bleu marine, est en train d'observer Zaara. Très beau et élégant, il se tient droit dans la pénombre. Impressionnant, il porte des anneaux dans les oreilles et un diamant en piercing sur le côté du nez. Il a du khôl tout autour de ses yeux vifs et perçants d'un beau vert doré. Ses cheveux d'un noir profond sont coiffés en arrière et un peu longs et ondulés sur la nuque. Sa moustache est épaisse et sa barbe d'à peine quelques jours est à la mode. Concentré, face à cette jeune danseuse inconnue qui ne remarque rien, il semble se poser quelques questions.

À la poursuite de Zaara

RAMAN

Ils ont beau se cacher, le lendemain soir, alors que Zaara et Hassan entrent dans Victoria Terminus où ils vont de dormir, l'air menaçant, un homme grand et puissant avec les cheveux longs attachés sur la nuque se jette sur Zaara, la saisit par le bras, la secoue et, furieux, lui crie :
— Allez, tu rentres !
Il la tire, la bouscule, devient violent. Brutalisée et

effrayée, elle hurle :
— Lâche-moi, Raman !
Dans la gare, tout le monde les regarde sans bouger. Quand Raman gifle sa sœur, Hassan, qui est le seul à réagir, se précipite sur lui pour qu'il lâche Zaara. Un coup de poing part. Ils commencent à se battre. Raman attrape Hassan par le cou. Ils roulent par terre. Écrasé sous le poids de Raman, Hassan qui a le dessous s'écrie : « Pars, Zaara ! Pars d'ici ! Va-t'en ! » Il y a des mouvements de foule. La police arrive, mais elle a du mal à se frayer un chemin. Alors que Zaara s'enfuit, quatre policiers casqués et armés matraquent les adversaires et les ceinturent pour les séparer, mais Raman et Hassan se débattent, cherchent encore à s'envoyer des coups de pied, et il faut les tabasser pour leur passer les menottes.
Mis en cellule à la Pant Nagar Police Station près de Chhatrapati Shivaji, les habits déchirés, le corps couvert de bleus, du sang séché sur le front, Hassan, le cou griffé, et Raman, les cheveux en bataille et la lèvre gonflée, sont obligés de passer le reste de la nuit ensemble. Calmé, d'une voix sombre, Raman, qui paraît regretter de s'être attaqué à un garçon beaucoup plus jeune que lui, finit par prendre la parole :
— Je suis cuisinier et marchand ambulant de galettes et de riz. C'est tout ce que nous ont laissé nos parents, à Zaara et à moi... Mais pourquoi tu l'aides, ma sœur ? Pourquoi tu te mêles de notre vie ?
— C'est mon amie et elle compte beaucoup pour

moi. Et toi ? Pourquoi tu l'obliges à épouser ce Tarek ? Il est vieux et dangereux, répond Hassan.

— Moi, je suis son frère aîné ! C'est moi qui décide !

— Si tu es son frère aîné, pourquoi tu la frappes comme si c'était ton ennemie ? Pourquoi tu veux la forcer ? Pourquoi tu la traites comme ça ?

— J'aime ma sœur plus que toi ! soupire Raman en baissant la tête. Je n'ai pas le choix. Elle doit se marier avec Tarek sinon on est tous les deux en danger !

— Comment ça, tous les deux en danger ? demande Hassan, inquiet.

— J'ai trop de dettes et ne pourrai jamais rembourser. Tarek m'a piégé. Je suis obligé de m'appuyer le sale boulot pour lui. Il nous oblige à voler, et même à kidnapper des innocents, des orphelins... Elle doit se marier avec lui. C'est le seul moyen. Sinon... hésite Raman, il nous tuera tous les deux, elle et moi. Il l'a juré.

— On peut demander de l'aide à ces policiers. Il faut le dénoncer, propose Hassan.

— Tu es trop naïf, Hassan. Tarek est un assassin. Il règne sur le quartier de Dharavi, tout le monde lui obéit, même les mendiants qui le renseignent et auxquels il prend soixante-dix pour cent des aumônes de la journée. On ne peut pas faire confiance non plus aux policiers. Certains travaillent pour lui. Tu as intérêt à faire gaffe ! Maintenant que tu nous connais, toi aussi tu es en danger... chuchote Raman.

— Alors, il faut s'enfuir ! Partir à Delhi tous les trois. Il ne pourra pas nous retrouver, là-bas.

° ° °

Après une nuit blanche, Hassan et Raman ont été libérés mais ils ignorent qu'un policier véreux a prévenu Tarek. Aux abois, car Tarek a lancé son gang à leur poursuite, obligés de se dissimuler le visage sous leur capuche pour ne pas tomber entre les mains du bandit qui les poursuit, Hassan et Raman cherchent Zaara dans toutes les rues de Bombay.
Au deuxième jour de recherche, malgré la chaleur, Hassan a enfoncé son bonnet jusqu'aux sourcils et Raman a laissé ses cheveux en liberté pour cacher son visage. Après beaucoup d'hésitations, de retour au Gokuldas Tejpal Hospital en espérant que personne ne les a suivis, Hassan laisse Raman faire le guet dehors.
Quelle chance ! Zaara est bien là, dans le grand dortoir collectif.
— Je suis venu avec Raman, il faut que nous partions tous les trois pour New Delhi... lui dit-il à voix basse.
— C'est une bonne idée. Mais comment faire ? Il y a trop de contrôles.
— Pas de problème, j'ai déjà pris plusieurs trains, je sais comment voyager discrètement.
— Je te fais confiance, Hassan, tu sauras assumer... répond Zaara à moitié rassurée. Et Raman, il en pense quoi ? ajoute-t-elle, de nouveau angoissée.
— Il était piégé, il m'a tout raconté. Je te dirai... Il est autant en danger que toi.

Dehors, ils retrouvent Raman qui vient aussitôt vers sa sœur et lui dit :
— J'ai fait une grande erreur. J'ai honte. Je te demande pardon.
Pensive, Zaara hoche la tête. Mais Hassan voit bien qu'elle ne sait trop quoi penser.
Ayant pris les ruelles les plus obscures, à la nuit tombante, les voici tous les trois à Victoria Terminus. À bout de forces, sous la grande coupole intérieure, Raman qui meurt de soif demande à boire à deux inconnus qui leur donnent une bouteille d'eau minérale. Mais, tandis qu'ils les laissent s'éloigner vers le quai n° 32, l'un de ces deux gaillards, membres d'un des nombreux réseaux louches de Tarek, vérifie s'il ne s'agit pas de Zaara et de son frère Raman dont on leur a envoyé les photos sur leurs téléphones portables. Aussitôt renseignés, ils se précipitent dans la direction qu'ils les ont vus prendre. Longeant le train pour Delhi, ils finissent par grimper à l'intérieur. Ils traversent les wagons les uns après les autres, bousculent les passagers pour aller plus vite, les questionnent, regardent partout, sous les banquettes et derrière les piles de bagages entassés... L'heure du départ approche... Plus qu'une minute. Ils sont presque arrivés en tête du convoi, dans les voitures de première classe où l'on regarde ces deux « intouchables » d'un drôle d'air. « Jette un œil aux WC, vite ! » s'exclame l'un des bandits.
Mais soudain, alors que le train démarre, son complice voit Raman sauter sur le quai par la fenêtre,

puis Zaara et Hassan faire pareil. « Hassan, vas-y ! Sauve ma sœur, moi je vous mets en danger ! » s'écrie Raman qui se jette sur les hommes de Tarek et les arrête tant bien que mal, tandis que Hassan s'accroche aussi à eux de toutes ses forces et que, souple et agile, Zaara glisse entre les mains des deux crapules.

Affaiblis par leur bagarre de la veille, le manque de sommeil et les coups de matraque des policiers, Hassan et Raman ne peuvent résister longtemps. Ils sont emmenés de force par les hommes de Tarek qui les conduisent aussitôt vers le port, dans le repaire de leur chef. Là, on les pousse brutalement dans le dos et ils se protègent avec les mains pour ne pas se blesser en heurtant le mur. Les portes se referment derrière eux et les verrous claquent.

Se redressant, ils découvrent un endroit sombre plein de graisse, de taches d'huile et de poussière : c'est un grand garage sous une verrière, encombré de vieilles voitures rouillées, cabossées, mal garées, avec leurs capots ouverts, leurs sièges éventrés, leurs pneus dégonflés, leurs roues enlevées, leurs vitres et leurs pare-brise cassés, leurs rétroviseurs arrachés, leurs moteurs en pièces détachées.

« Où est Zaara, bande de crétins ? Je vous ai dit d'amener Zaara ici ! » hurle Tarek d'une voix éraillée. C'est un homme assez musclé, d'environ cinquante ans. Il a le nez cassé, une grosse tête et un cou de taureau. S'emparant d'une lourde clé à molette, il la lance à la figure d'un de ses hommes. « Vous êtes des incapables, bande de nuls, de connards, d'abrutis ! Il me la faut, vous entendez ! » Il frappe le mur du poing, balance une chaise, ouvre une armoire métallique et touche l'un des fusils qui y sont rangés, comme s'il allait s'en servir. Hassan a peur de lui, et pourtant, tout en pensant à Zaara, il ne peut s'empêcher de le dévisager... Du côté gauche, il a un œil blessé qui semble avoir perdu sa capacité de vision. Il arbore un tatouage de tigre du Bengale sur la poitrine qui se voit par l'encolure trop lâche de son débardeur. Il ne lui reste qu'une couronne de cheveux gris sur les côtés et il porte de grosses boucles d'oreilles en forme d'anneaux et une moustache épaisse.

L'air cruel, il s'approche de ses deux prisonniers et prend Raman par le cou. Son haleine empeste la bière. L'œil furieux, menaçant, il l'avertit :

— Je te jure, si tu m'amènes pas Zaara demain avant minuit, je te coupe la tête !

— Mais je ne sais pas où elle est, elle s'est enfuie... proteste Raman.

— Laisse-nous au moins quatre ou cinq jours, intervient Hassan d'une voix trop aiguë. On l'a déjà beaucoup cherchée...

— Mais t'es qui toi, le blanc-bec ? le coupe Tarek.

— C'est un ami. Il vient du Bangladesh, il va m'aider à retrouver ma sœur.

Ne prêtant aucune attention à Hassan, Tarek leur lance :

— Je vous donne trois jours, pas un de plus. Rendez-vous avec elle ici au garage jeudi à 18 heures précises. Sinon, je vous arrache la tête à tous les deux et je l'accroche à la poutre, là-haut.

Sous les couleurs de la fête de Holi

ZAARA

C'est déjà jeudi. Et c'est le jour de Holi.
Hassan et Raman ont cherché Zaara jour et nuit, jusque dans les plus lointaines banlieues de Mumbai District, et une peur panique leur noue le ventre. Des coups de klaxon et des roulements de tambours assourdissants résonnent de partout dans le quartier du *Taj Mahal Palace Hotel*. Hassan, qui ne se souvenait pas que c'était la fête des couleurs,

retourne sans fin la même question dans sa tête. *Comment retrouver Zaara parmi tant de monde ?* se demande-t-il, seul au milieu de la cohue qui le presse, l'encercle, l'étouffe, lui écrase les pieds et l'empêche d'avancer... Tant qu'il y a de la vie, il y a de l'espoir... Mais non. C'est déjà trop tard et l'angoisse lui serre la gorge : Raman – qui continue à chercher de son côté – et lui sont bel et bien perdus. Jaune, rouge, vert... On fête l'arrivée du printemps. Toutes castes et tous âges confondus, on lui jette au visage des poudres odorantes de toutes les couleurs de l'arc-en-ciel. Les Indiens en ont plein les mains. Violet, bleu, orange... Sans force, poussant les gens pour respirer, il est stressé et aveuglé. À droite, à gauche, où doit-il aller ? « *Happy Holi ! Happy Holi !* » On crie, on chante... Désespéré, se voyant la tête coupée, Hassan ne sait plus de quel côté se tourner.
Alors qu'il est sur le point de perdre son dernier espoir, une musique explose dans les haut-parleurs disposés autour de la place de l'Inde. Sitars, tablas, chants et violons se mêlent comme pour un grand ballet. Plus loin, dans la bousculade et le vacarme, il aperçoit des projecteurs de cinéma montés sur des trépieds. Il prête l'oreille. Il reconnaît l'air de la chanson du tournage à Victoria Terminus, sur laquelle Zaara avait dansé pour lui. Il relève la tête, aperçoit trois écrans géants sur lesquels il découvre, sous trois angles différents, des danseuses, des chanteurs et, magnifique sur l'écran du milieu, il reconnaît Aamir Khan, l'une de ses stars préférées. « *Happy Holi ! Happy Holi !* » Joyeux, les spec-

tateurs jettent des fleurs et des pièces de monnaie sur Aamir Khan et sa belle partenaire. Un sourire éclaire le visage de Hassan : c'est le même tournage qui se poursuit ! Et si Zaara qui aime tant les comédies musicales était là, elle aussi ?
Mais est-ce possible ? Et si les hommes de Tarek l'avaient déjà ramenée à leur chef ?
Soudain, parmi les danseuses qui portent de longues écharpes roses pailletées et les hommes en tuniques blanches, là... Est-ce qu'il rêve ? Parmi ces jolies femmes, Hassan voit enfin Zaara vêtue d'un magnifique sari vert, mauve et orange avec des bijoux qui brillent et des chaînettes d'or de part et d'autre du visage. La bouche grande ouverte, il ressent les battements de son cœur aussi forts que les tambours de la fête dans sa poitrine : celle qu'il cherche depuis quatre jours et quatre nuits est maquillée et ses cheveux longs sont joliment coiffés. Autour du couple star du film, elle chante au milieu des autres jeunes filles et des beaux garçons qui l'entourent. Tout semble aller pour elle ! Il n'en revient pas. Il voudrait tant être à la place de ces garçons à peine plus âgés que lui. Ce serait plutôt son tour de danser avec elle !... Sautant de joie le plus haut qu'il peut, levant les bras, les larmes aux yeux, il fait de grands signes à Zaara, et quand, soulagée qu'il ne lui soit rien arrivé de mal, elle le reconnaît à son tour, elle lui adresse un sourire éblouissant.
Alors que le réalisateur crie « Coupez ! », Hassan qui reprend goût à la vie s'élance : « Zaara ! » Parvenu au milieu du plateau sans que personne ait

pu le retenir, il prend de la poudre dorée dans les mains d'une jeune danseuse et la passe sur les doux cheveux noirs, lisses et brillants de Zaara entre lesquels il glisse tendrement les doigts. Bouleversée, elle tremble d'émotion.

— Oh, là là ! Comment tu m'as retrouvée ? Moi, je croyais qu'on ne se reverrait jamais ! Tu m'as tellement manqué !

— Mais qu'est-ce que tu fais là, Zaara ?

— Si tu savais... Quand j'ai dansé sur le quai dans la gare, sans que nous nous en doutions, Aamir Khan en personne m'a observée en silence. Comme il est aussi le producteur du film, le lendemain soir, alors que j'étais revenue à Victoria Terminus dans l'espoir de t'y rejoindre, il m'a abordée et m'a proposé d'entrer dans le ballet.

— Trop bien ! Je suis trop fier de toi, Zaara ! J'aimerais tellement danser avec toi dans le film ! Moi aussi je sais chanter et danser !

— Écoute... Je vais te présenter à Aamir Khan, c'est un homme bon et très puissant, pas seulement une star de cinéma. Il veut faire le bien autour de lui, tu vas voir...

Soudain le visage de Hassan s'éclaire. *Et si ça marchait ?* Excité et plein d'espoir, il dévisage Zaara avec reconnaissance et admiration. C'est plus fort que lui, elle est si belle dans son costume pour le cinéma ! Pour la première fois, il ose la prendre dans ses bras et, délicatement, il lui pose un baiser sur le bord des lèvres.

— Zaara, j'ai cru t'avoir perdue, je ne peux plus

vivre sans toi... lui murmure-t-il en lui caressant les joues.

— Moi aussi, j'ai tellement eu peur de te perdre ! lui répond-elle tendrement.

Mais, alors qu'ils commencent à s'embrasser timidement, en un éclair Hassan aperçoit Tarek qui émerge de la foule. Suivi par deux de ses hommes, discret et sans attirer l'attention, il s'avance tandis que son regard noir balaie le plateau de tournage sur lequel les danseuses s'accordent une pause. Trop tard ! Hassan a beau lui tourner le dos de manière à cacher entièrement Zaara, le bandit les a reconnus. Fou de rage, il se jette sur Hassan.

— T'es qui toi pour embrasser ma fiancée ? Je vais te massacrer, sale menteur !

S'emparant de Zaara par la force, il lui hurle :

— Toi, tu rentres avec moi ! T'es à moi ! Et toi, l'abruti, je vais m'occuper de ton cas !

Mais Hassan qui tient également la main de Zaara l'empêche de l'entraîner avec lui. Zaara aussi crie :

— Lâche-moi, Tarek ! Je ne viendrai jamais avec toi, tu me fais horreur !

Tarek sort un couteau à cran d'arrêt de sa poche, se retourne vers Hassan et, sans les maîtriser, lance des coups que Hassan esquive de justesse. Fou furieux, Tarek perd patience et fait tomber deux gros projecteurs dont l'un blesse un technicien. Après un moment de stupeur et d'hésitation, les agents de sécurité se jettent sur ce forcené pour lui arracher l'arme blanche dont il menace maintenant tout le monde autour de lui.

Alerté par ce vacarme, voyant que Zaara est en danger, Aamir Khan intervient à son tour. Et, tandis que ses gardes du corps maîtrisent les malfaiteurs, majestueux dans son costume noir, sa chemise d'un blanc éclatant, avec sa chaîne en or et son gros médaillon gravé à ses initiales *A.K.*, il s'avance et, pointant son regard d'un beau vert doré droit sur lui, somme Tarek de lui expliquer ce qui se passe.

Sans laisser le temps à ce bandit d'inventer on ne sait quel mensonge, Hassan et Zaara en larmes se mettent à genoux devant Aamir Khan.

— S'il vous plaît, monsieur, aidez-nous !

— Si vous voulez que je vous aide, ne vous mettez jamais à genoux devant moi.

— D'accord monsieur, répondent Hassan et Zaara en se relevant.

— Expliquez-moi ce que vous savez sur cet homme, reprend la star en montrant Tarek du doigt.

— Monsieur, je vais tout vous expliquer, répond Hassan.

— Non Hassan, laisse-moi faire, intervient Zaara.

Les larmes aux yeux, elle commence alors à lui raconter tout ce qui s'est passé depuis quelques semaines.

— Mais où est ton frère ? lui demande Aamir Khan après l'avoir écoutée attentivement.

— On s'est séparés tous les deux pour retrouver Zaara à temps, intervient Hassan. Mais nous nous sommes donné rendez-vous ici et il devrait déjà être arrivé... Raman, tu es là ? lance-t-il à la foule des spectateurs.

Entendant son nom, alors qu'il ignore tout de la scène violente qui vient de se dérouler, Raman s'avance au milieu du plateau du tournage. Il a l'air exténué mais, apercevant Zaara, il se précipite vers elle et la prend dans ses bras.
— Pourquoi tu veux forcer ta sœur à se marier avec ce criminel ? lui jette Aamir Khan. Et comment tu as pu faire toutes ces dettes ?
— Il m'a piégé, monsieur. J'avais pas le choix, sinon il nous aurait tués. Je pensais que c'était une bonne idée qu'il se marie avec ma sœur, que ça aurait tout arrangé... Mais j'avais tort.
— Quelle idée, en effet ! Et toi ? lance Aamir Khan à Tarek, qu'est-ce que tu voulais ?
À demi fou, Tarek se met à hurler :
— C'est ma femme ! Elle est à moi !
— On se calme ! lui ordonne Aamir Khan. Je rembourserai les dettes de Raman s'il le faut, mais en attendant, puisque tu menaces les gens avec un couteau sur le tournage de mon film et que tu blesses un technicien, tu pars direct en prison.
— Et tu vas y rester un bon moment ! intervient Raman. Ça fait longtemps que la police enquête sur toi.

° ° °

Le midi suivant, trop content d'être sur le plateau, Hassan, revêtu de la tunique blanche des danseurs, se prépare avec Zaara à passer sa première audition devant Aamir Khan. Entre les projecteurs, les

caméras et les câbles électriques, une vingtaine de techniciens et de danseurs boivent le thé, mangent le riz et partagent les galettes que leur sert le nouveau restaurateur ambulant engagé sur le tournage par la production. Un certain... Raman, qui sait maintenant qu'il y a des miracles à Bollywood.
Mais c'est l'heure pour Hassan de montrer ce dont il est capable. Se tournant vers Zaara souriante qui porte son sari bleu de danseuse, il lui demande :
— Est-ce que tu penses que je vais y arriver ?
— Mais oui, bien sûr, tu vas y arriver, lui répond-elle en lui prenant la main.
Alors Hassan s'avance avec Zaara au milieu du plateau et, tandis que la musique démarre dans les haut-parleurs, aériens et légers comme dans un rêve idéal, ils commencent tous deux à danser devant Aamir Khan qui, assis sur une chaise à son nom, les regarde, l'air bienveillant.

Remerciements :

Mme Maimouna N'Daw Traoré,
proviseure du lycée Lucas-de-Nehou

*Angui Killiane Anassin, Kahina Baiben, Noé-Camille Bondo,
Nils Borkey, Mathéo Dussauby, Bryan Kizza, Ève Lacaud,
Gaël Lhueureux, Francesco Mazzei, Sacha Mohellebi,
Bradley Rigueur, Taï Sangpayab*

De la classe de seconde 2GA SJ
Lycée professionnel Abbé-Grégoire
(Paris – Ve arrondissement)

Enseignants :
José Gable, professeur de lettres
Sylvie Le Verger, professeure d'économie-gestion
Isabelle du Roy de Chaumaray, professeure documentaliste

Avec le parrainage d'Hugo Boris, auteur

LE CŒUR SATURÉ

Roman collectif

1 - Alessandro

Coup de sifflet dans la salle ! La mi-temps est annoncée. Fin des deux premiers quart-temps. Je vois apparaître le taureau rouge, mascotte des Chicago Bulls. Il passe à côté des gens pour les faire rire. Pendant ce temps, les canons à tee-shirts bombardent le public : spouffff ! Les maillots sont lancés. Les gens sont heureux de les attraper au vol, d'autres déçus de les rater de peu. La salle commence à s'agiter, la musique s'impose. Les danseurs arrivent sur le parquet par les portes latérales. Commence une *battle* sur une danse hip-hop. Le public frappe dans ses mains pour faire monter l'applaudimètre.
Je commence à avoir faim. Je me lève et propose à ma compagne et mon ami d'aller chercher quelque chose à grignoter : parfois j'ai faim, comme ça, et en plus j'ai la gorge sèche tellement j'ai crié. Mon équipe mène au score. Ça a toujours été un rêve d'aller la voir en match. Quelle chance de ne pas être de garde le jour où la NBA joue à Rome ! J'admire le basket même si je n'en fais plus du tout.
« Finalement, vous avez choisi ? Hot dog ou hamburger ? » Luigi me propose de l'argent. « T'inquiète, c'est pour moi, j'y vais. »
Je me dépêche de rejoindre la buvette pour ne pas

rater le *money shot*. Je traverse les tribunes le plus rapidement possible. Il y a toujours une animation pour occuper les gens, toujours quelque chose qui se passe… Maintenant, ce sont les *pom-pom girls*. L'ambiance est musicale et rythmée.
Arrivé dans le hall, je cherche le stand le plus proche. Sans surprise, il y a une sacrée queue. Je regarde la télé derrière le comptoir : l'homme a malheureusement raté son tir et – dommage ! – il est aussi passé à côté de pas mal d'argent. Les *kiss cam* commencent. Je regarde les couples défiler, obligés de s'embrasser devant la caméra : des vieux, des jeunes, des gens qui ne se connaissent pas. De nouvelles rencontres se créent sous le regard de tous. Cela plaît au public, le distrait. Le temps passe, la file avance, c'est à moi de commander.
— Un hot dog, un triple cheese, un double, avec portions de frites et boissons, s'il vous plaît.
Je me décale pour attendre la commande. La *kiss cam* s'arrête sur un nouveau couple. J'ai le regard fixé sur l'écran.
— Monsieur, votre commande est prête…
Ma femme et Luigi ! Choisis par hasard par la caméra. Absorbé par leur image, je suis troublé. Leurs visages s'affichent désormais en grand sur tous les écrans. Quelle attitude vont-ils avoir ?
— Monsieur ? Monsieur ?

2 - Carla

Le public nous pousse l'un vers l'autre. J'entends les applaudissements, les cris. La salle scande : « Un baiser ! Un baiser ! » Je ressens les vibrations du sol, le public qui tape des pieds. Luigi met la main sur ma joue. Il se rapproche. Je ne pensais pas que... Nous nous embrassons comme si plus rien n'existait autour de nous. Je sens l'odeur agréable de son parfum *Bois d'argent*, et la chaleur de son haleine. Il pose sa main gauche sur ma hanche. Nos nez se frôlent. Cet instant dure une éternité. J'ai de la chance... Ce baiser, je l'attendais depuis quatre mois. Je crois rêver. Mais quelle honte de faire ça en public ! Tout à coup, je m'arrache à lui et pense à Alessandro. Où est-il ? Nous a-t-il vus ? Comme ces milliers de spectateurs ? Je me sens mal et me souviens de mon père, qui lui aussi nous a trahis, moi, ma mère et mes frères, il y a des années, parce qu'il était amoureux. Je regrette cette vie qui est fausse et ne me ressemble pas. Je ne suis pas habituée à ça, à tout cet argent dépensé, gaspillé. Parfois, j'ai envie de revenir en arrière, mais je suis mal à l'aise vis-à-vis d'Alessandro qui est si gentil avec moi. J'attends tout le temps son retour. Mais son travail de chirurgien l'absorbe. Ses horaires sont incertains. Il peut être appelé à 2 heures du matin pour une dissection aortique, il n'a pas d'horaires fixes. Nous ne pouvons jamais rien planifier à l'avance. Je m'ennuie, loin de ma famille. Trois heures de gym par jour sans sortir de l'appartement depuis qu'il m'a offert une salle de sport en achetant le studio mitoyen. Avec tous les accessoires high-tech. Trois heures de sport par jour avec Aya Nakamura comme seule compagnie dans mes AirPods.

Je n'oublierai jamais le samedi 10 octobre, quand Luigi est apparu sur le parking de l'hôpital. Petit, 1,70 mètre, finement musclé, des cheveux longs, bruns, noués en chignon. Il portait un jean et une chemise à motifs qui laissait deviner un tatouage tribal sur son bras.

Je suis très étonnée qu'il vienne m'adresser la parole. Alessandro l'envoie pour me prévenir qu'il a une urgence de dernière minute. Il me tend un casque et une paire de gants.

« Où est-ce que je vous dépose ? »

Il ajuste ma jugulaire. Je monte derrière lui, un peu gênée, et me cramponne comme je peux. Il démarre la Vespa, le moteur toussote, je sursaute. Il me dit quelques mots pour que je me sente à l'aise. Il avance prudemment sur le parking jusqu'à la sortie, le temps que je prenne mes marques. La circulation est dense et nous nous faufilons entre les voitures. J'ai un peu peur mais je me sens étrangement en sécurité.

À un feu rouge, mon pied frotte le sol et, par réflexe, Luigi rattrape ma jambe pour que je me repositionne sur la cale et retrouve l'équilibre. La confiance

s'installe. Il reprend à vive allure, remonte des sens interdits en prenant des virages serrés.
Je regarde le paysage que je trouve beau, avec ces vieux murs aux pierres inégales. Nous passons par la via dei Pellegrini, une petite rue étroite aux pavés irréguliers et aux murs colorés, encore glissante en raison de l'averse du début d'après-midi. Nous empruntons une succession de petites ruelles avant de déboucher sur la place Saint-Pierre : la basilique est monumentale, il y a foule, des enfants qui rient et d'autres qui pleurent. Nous suivons la via San Pio X et, au moment où débouche une Fiat 500 que nous manquons de percuter, je m'agrippe un peu plus fort à Luigi. Nous traversons le Tibre et nous arrêtons un peu plus loin à une station-service pour prendre de l'essence. À la fontaine de Trevi, il y a encore beaucoup de touristes qui jettent des pièces dans l'eau. Je suis toujours émerveillée par ce lieu en repensant à la *Dolce Vita* et à cette scène magnifique que j'adore, avec Anita Ekberg et Marcello Mastroianni. Nous continuons le long de la via San Pio X et arrivons au Colisée, le premier monument que j'ai vu en arrivant à Rome, mon préféré.
« Bon... Je crois que nous sommes arrivés », me dit Luigi en arrêtant le scooter.
Nous étions loin des pesanteurs de la vie quotidienne, loin des raideurs de nos vies en rengaine.

3 - Luigi

J'étais dans les vestiaires de l'hôpital pour me changer. Je terminais une journée fatigante et venais d'enchaîner avec une garde de nuit.
Soudain, mon bip retentit. C'est Alessandro qui me demande de le rejoindre devant le bloc chirurgical n° 2. J'attrape mon blouson et me précipite. Devant le bloc, il m'attend dans sa tenue stérile, masqué, cagoulé, ses lunettes sur le nez. Il me demande de lui rendre un service.
— Luigi, Carla m'attend devant l'hôpital mais je suis coincé. Je dois aller voir tout de suite un patient opéré ce matin et qui n'est pas stable. Pourrais-tu la raccompagner ?
— T'inquiète, je m'en occupe.
Je me dirige immédiatement vers la sortie de l'hôpital. Les portes automatiques s'ouvrent et je découvre une charmante jeune femme. Aucun doute, cette jolie métisse aux yeux verts, fine et élancée, ne peut être que la femme d'Alessandro. Je m'avance vers elle et lui demande :
— Vous êtes Carla ?
Elle marque un temps d'hésitation et, d'une voix gênée, répond :
— Oui ?
— Bonsoir, je suis Luigi et je travaille avec votre

mari. Il aura du retard à cause d'une urgence. Il m'a chargé de vous prévenir et de vous raccompagner.

4 - Alessandro

Mon cœur s'emballe, je suis paralysé par l'étonnement. Au centre du grand cœur rouge, l'image s'est figée sur Luigi et Carla. Les yeux scotchés sur l'écran, partagé entre la colère et l'incompréhension, je prends ma commande sans y prêter attention. Je me sens trahi. Ce n'est pas possible ! C'est une caméra cachée !? Un coup monté !? Le *timing* est trop parfait. Je marche, perdu dans le chaos de mes émotions. Je ne sais pas où je vais, mais je marche. Je n'entends plus rien, sinon un sifflement et les battements de mon cœur qui s'emballe. Mon corps devient lourd. Je me sens dévisagé, à chaque pas, par les spectateurs que je croise. J'ai l'impression qu'ils ont compris, qu'ils savent que je suis le mari trompé.
Le vigile me demande mon ticket pour regagner les tribunes. J'émerge dans le bruit comme si je sortais de l'eau : la musique, les lumières de la salle m'agressent comme une gifle en pleine figure. Je cherche des yeux Carla et Luigi, croise leurs regards perdus. Un étau m'enserre le milieu de la poitrine. La douleur irradie dans mon bras gauche et jusque dans mes mâchoires. J'ai du mal à respirer. Je titube. Un mot me sauve, le même mot m'écrase : Carla !

5 - Carla

J'ai honte, je me détourne, attrape machinalement mon rouge à lèvres dans mon sac pour tâcher de camoufler ma trahison. Je vérifie sur mon téléphone que les traces du baiser ne sont plus visibles. J'aperçois alors Alessandro qui se dirige vers nous, titubant. À ce moment précis, je le vois s'effondrer dans les escaliers. Sa tête heurte la marche. Si fort ! Je ne pourrais décrire quel bruit cela fait. Mon cœur bat à mille à l'heure. Je me jette sur lui. Luigi me rejoint, pris de panique lui aussi, il m'écarte pour regarder si Alessandro respire, si son thorax se soulève. Il vérifie son pouls, il a déjà ouvert son blouson et commence à masser.
Pétrifiée, je tombe à genoux. Immédiatement, je culpabilise car c'est de ma faute.
Après tout ce qu'il m'a donné... Je ne sais pas ce qui m'est arrivé, Luigi m'a comme hypnotisée. J'attendais ce baiser depuis longtemps. Mais je n'osais pas. Je pensais tout le temps à Alessandro qui m'a accompagnée partout, qui m'a donné tout son amour. Cette chute est-elle due au baiser ? Ou a-t-il trébuché ? Est-ce un malaise ? J'ai vraiment peur que ce soit de ma faute... Je me retrouve coincée entre deux personnes que j'aime autant l'une que l'autre. Je ne sais pas comment agir, je suis

contrainte de faire un choix qui me déchire. Ça va trop vite pour moi. Je veux m'enfuir, partir, me révolter. Je suis en colère contre moi-même, contre mon indécision. Je suis perdue, je ne m'y retrouve plus. Toute ma vie, depuis mon enfance, n'est que désordre. Je repense à Perpignan, à mon arrivée à Paris, à mes débuts chaotiques de comédienne, aux petits boulots pour boucler mes fins de mois.

La vie, ce sont des étapes... La plus douce, celle de l'amour... La plus dure, celle de la séparation... La plus pénible, celle des adieux... La plus belle, celle des retrouvailles... Mon cœur me dit ce que je ne veux pas voir. Je repense à notre rencontre, à Alessandro et moi, lors des festivités du 14 Juillet, durant ce moment magnifique. Il était avec ses amis italiens qui discutaient bruyamment à la terrasse du Café Marly. Depuis des années, je n'avais pas eu autant de *feeling* avec un homme. Durant toute la soirée, ses regards directs et sensuels posés sur moi m'ont flattée. J'ai su tout de suite que quelque chose pouvait arriver entre nous. Au moment des feux d'artifice, alors que nous nous étions avancés vers la balustrade pour contempler le spectacle pyrotechnique, il a posé accidentellement sa main sur la mienne. Je ne pensais pas que cela puisse m'arriver à moi, Carla. Un homme qui m'aime ? Un homme qui puisse m'offrir la sécurité matérielle qui m'avait tant manqué ?

Pourtant, maintenant, ce sont les balades en Vespa dans les rues de Rome avec Luigi qui me font me sentir libre. Je n'arrive pas à renoncer à sa compagnie.

« Essaie de trouver un défibrillateur ! hurle Luigi. Appelle les secours et mets ton téléphone sur haut-parleur ! »
Une crise cardiaque, c'est bien ce que je craignais... Sûrement provoquée par notre baiser.

6 - Luigi

J'ai reconnu très vite les signes d'une attaque : Alessandro suait, portait les mains à son thorax, à sa mâchoire. Il avait du mal à respirer et maintenant il a perdu connaissance. Ce qui m'inquiète le plus, c'est l'énorme choc qu'a fait sa tête contre le sol. J'ouvre son blouson et attaque aussitôt les compressions thoraciques : je masse, je masse !

J'ai demandé à Carla d'appeler le 118. Les secours arrivent déjà et prennent le relais.

Je sais au fond de moi que je n'aurais pas dû accepter l'invitation, que je n'aurais pas dû assister à ce match et me retrouver en présence de Carla et d'Alessandro. J'aurais préféré ne jamais la rencontrer. J'aurais préféré qu'Alessandro ne me pousse jamais dans ses bras. Je regrette ce jour où elle l'attendait devant l'hôpital, ce jour où je l'ai vue pour la première fois. Je m'en veux d'avoir osé faire ça à un homme qui m'a pris sous son aile, m'a permis de progresser et d'évoluer. Pas comme ces chirurgiens qui, considérant leurs internes comme des rivaux, se contentent de leur confier des tâches purement administratives, quand ils ne leur demandent pas de faire le plein de leur voiture ! Je lui dois tant et, au lieu de le remercier, je le trahis. Nos rapports étaient si fluides. Il me considérait comme un fils en qui il pouvait avoir confiance. Au point de me laisser ouvrir moi-même la cage thoracique du patient, au bloc, inciser la peau, scier l'os. Ou de me laisser fendre moi-même le péricarde, l'enveloppe qui entoure le cœur.

7 - Alessandro

J'entends des gens parler... C'est bizarre, je ne comprends pas le moindre mot. Je suis incapable de bouger le bras. Je n'ai ni l'envie ni la force d'ouvrir les yeux. J'entends ma propre respiration. Je dois avoir un masque sur le nez... Je perçois aussi un petit bruit électronique à côté de moi, presque inaudible mais qui résonne dans mon crâne. J'ai le sentiment de connaître cet endroit. J'essaie d'ouvrir les yeux mais c'est si difficile. Une odeur se fraie un chemin sous le masque. Très désagréable. Elle me rappelle les odeurs de l'hôpital, les désinfectants, la pourriture, la mort. Ce bruit... ce doit être le son d'un électrocardiogramme. D'habitude, je suis le médecin, pas le patient. J'ai la tête qui tourne. Mes yeux me picotent. J'écarte les paupières doucement, comme un nouveau-né qui les ouvrirait pour la première fois. Le blanc de l'hôpital m'agresse l'œil. Le *flare* du néon au-dessus de moi m'éblouit. Qu'est-ce que je fais là, allongé en salle de réveil, au milieu des autres patients ? Qu'est-ce qui m'arrive ? Qu'est-ce qu'on m'a fait ? J'avale ma salive avec difficulté. Je suis si fatigué. J'essaie de me lever mais je ressens une immense douleur dans la poitrine et dans le crâne. Je me palpe le corps lentement, comme un fou qui aurait perdu quelque chose qu'il n'arriverait pas à retrouver. Un grand bandage enserre mon torse, jusqu'à ma ceinture abdominale. J'en ai un autre autour de la tête. Des bribes de souvenirs me reviennent. Je me souviens d'une chute, d'un bruit sourd. Je me souviens d'escaliers. J'ai mal comme un chien blessé qui n'arriverait pas à mourir.

Le brouillard se dissipe un peu et deux têtes floues s'approchent, jusqu'à ce que je parvienne à distinguer deux visages penchés sur moi : une femme métisse, très belle, aux yeux verts, accompagnée d'un jeune homme, les cheveux bruns attachés en chignon. Ils sont en blouse et me dévisagent avec insistance. Leurs traits me sont familiers mais je ne les reconnais pas. L'homme a l'air paniqué, et la jeune femme a pour moi un regard de pitié. C'est horrible.

« Qui êtes-vous ? » je dis.

À ces mots, ils se regardent l'un l'autre. La femme m'explique qu'elle a été témoin de l'accident et qu'elle tenait à être là à mon réveil. Elle m'explique que je suis tombé en arrière dans un escalier, raison pour laquelle j'ai un bandage autour de la tête. J'aurais fait une crise cardiaque, voilà pourquoi j'ai si mal à la poitrine. Elle m'apprend que l'homme à côté d'elle a effectué sur moi les gestes de premiers secours. Je le remercie grandement.

Puis une infirmière arrive et leur demande de me laisser me reposer.

Remerciements :

Nous remercions chaleureusement Thierry du Roy de Chaumaray, chirurgien cardio-thoracique, pour sa gentillesse et le temps qu'il a pris pour répondre à nos questions.

Merci à Mme Amsallem, proviseure du lycée, qui a encouragé cet atelier.

Grazie mille à Hugo Boris pour sa bienveillance, sa disponibilité et son aide précieuse dans la rédaction de cette aventure romaine

Romain Affortit, Rayan Boubekeur, Lola Cachod, Baptiste Cambon, Élisa Commanay, William Coulibaly Mooney, Léo Deroy, Emma Durou, Lola Falco, Lisa Fleury, Ilian Gallais, Éva Garrigues, Corentin Guitard, Elena Herbaut, Cyprien Laurent, Jade Lecerf, Kaela Lembert, Kelia Louvet, Agathe Mertz-Revol, Mareva Nonorgues, Stanislas Noris, Evan Panarese, Cindy Patini, Thalya Schmitt, Noah Thévenin, Natan Viger, Jade Widling, Sirine Zaïr

De la classe de 3e B
Collège forain François-Verdier (Léguevin)

Illustrations : Rayan Boubekeur

Enseignantes :
Caroline Martinot, professeure de lettres
Claire Ribbes-Barlet, professeure documentaliste

Avec le parrainage de Rachel Corenblit, autrice

TU ES DE MA FAMILLE

Roman collectif

La famille Mesclair
Charles
Patrick et Marie, ses parents

La famille Dubois
Marilou
Massimo
Fernande
Claude
Gérard et Rose-Marie, leurs parents

La famille Blitz
Günther
Anne
Franz
Alexander et Karen, leurs parents

CHAPITRE 1
2020

Charles était seul. Seul devant la tombe. Le cimetière était calme. Tous les amis étaient partis. Il y avait tant de fleurs sous ses yeux... Des fleurs et des mots que les gens avaient laissés. Sa mère s'était éloignée car elle ne pouvait plus supporter tant de chagrin. Maintenant il se tenait droit au bord du vide. Il était désespéré. Il se sentait impuissant et démuni. Ses larmes coulaient librement. Il redoutait ce moment depuis longtemps : la mort de son grand-père. C'était une tragédie pour lui. Il l'avait aimé plus que quiconque. Ses parents n'étaient pas souvent là et lui seul lui avait porté attention. Il avait tant appris à ses côtés ! C'est lui qui avait entendu ses premiers mots, qui avait guidé ses premiers pas et lui avait appris à se tenir droit sur un vélo. Dès son plus jeune âge, son grand-père lui avait transmis sa passion pour l'Histoire, et tout particulièrement pour la Première Guerre mondiale.
Il allait pouvoir lui parler, maintenant.
Mais il ne trouvait pas les mots. La gorge serrée, les yeux rouges, il pensa seulement : *Pourquoi es-tu parti si vite ?* Et sa vue se brouilla. Un léger mouvement, une tache de couleur voletant autour de la tombe, attira son regard. Un papillon bleu cyan, sa

couleur préférée, s'envolait lentement vers le ciel. Il le suivit du regard tant qu'il put. Puis il repartit vers la voiture où l'attendaient ses parents. Ils rentrèrent tous les trois vers la grande maison, celle de son grand-père que Patrick et Marie avaient décidé de garder et dans laquelle ils allaient vivre tous les trois désormais.

Charles et ses parents avaient décidé de quitter l'Est de la France quand la santé du vieil homme s'était dégradée. Ils avaient demandé à être mutés à Nice. La requête du père de Charles auprès de l'armée avait été obtenue facilement, mais l'hôpital où travaillait sa mère comme infirmière de nuit avait tardé à donner une réponse positive. C'est pourquoi, n'ayant pas le temps de chercher une nouvelle maison, ils s'étaient installés en catastrophe chez son grand-père. En ouvrant la porte ce jour-là et en voyant toutes les affaires du vieil homme, le chagrin submergea Charles. Mais à vrai dire, il sentit aussi sa présence autour de lui. Il semblait être encore là… comme ce papillon au cimetière !

« Atchoum ! » *Trop de poussière, ici !* Quelques jours après la cérémonie, Charles monta au grenier pour y retrouver des papiers de son grand-père. La pièce était si peu éclairée qu'il pouvait voir la poussière à travers la lumière de la fenêtre. Il y stagnait une odeur d'humidité. Pour mieux respirer, Charles voulut ouvrir le Velux mais celui-ci était coincé et il dut s'y reprendre à deux fois. L'endroit était

oppressant : à cause de l'amoncellement de cartons, l'espace était rétréci. En effet, en emménageant dans la maison, ses parents avaient entassé les affaires de son grand-père tout en haut de la bâtisse. Charles, qui était grand, avait peu de place pour se mouvoir. Il se glissa néanmoins dans les coins les plus pentus pour y découvrir des trésors cachés. Il tomba sur un petit coffre couvert de poussière. Curieux, il l'ouvrit et y trouva des photos de lui petit avec son grand-père, de sa grand-mère et du reste de la famille.
Il découvrit aussi une grande malle pleine de matériel militaire : des armes, des munitions, des uniformes, des bottes... Au fond, il y avait une boîte. *Ting !* Une notification apparut sur son téléphone. Son copain Max pensait à lui.

— Ça va, mon pote ?
— Oui, mais beaucoup d'émotions sont remontées. C'est dur de savoir qu'il est mort.
— Si t'as besoin, n'hésite pas à m'appeler, tu sais que je suis là pour toi.
— Oui merci, attends, ça capte pas bien, je suis au grenier.
— Qu'est-ce que tu fais ?
— Je cherche des souvenirs.

Charles avait toujours eu une relation fusionnelle avec son grand-père. Mais depuis le décès, il se renfermait et ne voulait pas parler de sa douleur à ses parents. Eux-mêmes, tendus et fatigués, s'étaient

noyés dans le travail et ne s'occupaient plus vraiment de leur fils. Le jeune homme ne voulait pas les embêter avec sa tristesse ; il avait déjà essayé de leur en parler mais ils ne le comprenaient pas. Alors il vivait son chagrin entre ses deux endroits préférés : sa chambre et le bord de mer.
Le bruit d'une nouvelle notification le fit revenir à la réalité.

— Tu vas trouver à t'occuper, avec toutes les recherches qu'il faisait !
— Attends, je viens de trouver un truc.
— ???
— Une douille d'obus, mais il y a aussi deux lettres de 1914 !

Étonné par cette découverte, Charles se souvint que leur professeure d'histoire, Mme Ustariz, avait prévu d'étudier 14-18 durant l'année. Mais comment de tels objets étaient-ils arrivés là ? *Clac !* La porte d'entrée se referma. Sans doute sa mère, de retour.
— Charles ? Tu es là ?
— Je suis en haut, que se passe-t-il ?
— Descends tout de suite ! Dépêche-toi ! On t'avait dit de ne pas monter !
Ses parents le lui avaient précisé avant d'arriver dans la maison : ils ne voulaient pas qu'il s'aventure dans le grenier. Charles pensait que sa mère ne parvenait pas à se faire à l'idée qu'elle avait perdu son père. Elle devait croire que, restant plongé dans les affaires de son grand-père, son propre fils

n'arriverait pas à tourner la page... Il renvoya un message à son ami :

> – Je te laisse, je te tiens au courant dès que possible !

Il rangea son téléphone et répondit à sa mère :
— Oui, c'est bon, ça va, je voulais juste regarder quelque chose !
— Non, ce n'est pas « bon », et arrête de répondre. Sors du grenier et va dans ta chambre !
Au moment de descendre, Charles prit les deux lettres et les cacha derrière son dos. Arrivé dans sa chambre, à son tour il claqua la porte car il savait que ça énervait sa mère.
— Et ne claque pas la porte en plus ! cria celle-ci, agacée.
Il s'empara de son petit ballon de basket et le lança dans le panier situé au-dessus de son lit. C'était sa façon à lui de se détendre et de réfléchir.

CHAPITRE 2
1914

Lettre de Marilou

Tarnac, dimanche 2 août 1914

Mon très cher Claude,

Je t'écris pour te donner des nouvelles de la maison, de la famille et de cette journée si spéciale. J'espère que tu vas bien et que ton travail n'est pas trop dur.
Ici, c'est comme d'habitude. Papa est toujours malade. Il tousse beaucoup. Il est si fatigué que Maman, Massimo et moi travaillons à sa place.
Ce matin, Massimo moissonnait, Maman s'occupait du potager et moi des vaches, quand nous avons entendu la cloche du village sonner. C'était le tocsin : quelque chose n'allait pas. Quand nous sommes arrivés sur la grande place de la mairie, il y avait une foule énorme rassemblée. Nous nous sommes faufilés et avons tant bien que mal réussi à lire une affiche. « Ordre de mobilisation générale »... Un énorme brouhaha régnait. Des gens semblaient désespérés et tristes, d'autres surpris, d'autres enfin enthousiastes à l'idée de défendre leur patrie et sûrs d'une victoire rapide. Avec Maman et

Massimo, nous n'en revenions pas. Sur le moment, nous ne pouvions pas croire que c'était réel. À présent... c'est autre chose.
Ici, nous pensons très fort à toi. Maman est très inquiète, tu vas devoir partir. À la guerre !
Je t'embrasse et te souhaite bon courage.

Marilou

Lettre de Claude

Paris, mercredi 5 août 1914

Ma chère Marilou,

Je t'écris une seconde fois en peu de temps, je sais, mais je viens de quitter la gare Montparnasse. Je suis plutôt paniqué à l'idée de prendre les armes, mais je n'ai pas le choix. Je vois que beaucoup d'autres y partent avec des idées plutôt optimistes... Ça crie dans tous les coins : « À nous l'Alsace et la Lorraine ! » Ou : « Allons bouffer du Boche ! » Je les envie de partir avec la certitude d'une victoire... De mon côté, je me suis fait des camarades presque aussi réticents que moi. Nous nous rassurons les uns les autres : un bel esprit de camaraderie s'installe, c'est beau à voir ! Ne va pas croire pour autant que je n'aie pas le moral et ne t'inquiète pas pour moi. Je suis de nature débrouillarde et je suis bien entouré.
Surtout, occupe-toi bien de Papa et de Massimo qui approche de ses dix-huit ans et risque d'être envoyé

au front tout comme moi. Avec tout ce qu'il y a à faire, j'espère que vous saurez vous débrouiller. Je n'ai pas de nouvelles de Fernande mais peut-être viendra-t-elle vous aider.
Je pense fort à vous et vous embrasse bien tendrement.

Claude

Journal de Günther

Le dimanche 09 août de l'an 1914

Au centre de l'image, c'est moi, Günther.
Je n'aime vraiment pas rester immobile. Mon esprit a sans cesse besoin de vagabonder, explorer, observer et finalement comprendre. Voilà pourquoi je n'aime

pas les photographies de famille, et plus généralement les photographies tout court.
Derrière moi, ce sont mes parents : Alexander et Karen Blitz. Lui, un homme riche ayant un avis sur tout et sur tout le monde, et elle, sa femme – ma mère –, ne s'intéressant qu'aux dîners mondains avec ses semblables, des énergumènes obsédés par le paraître. Mais j'ai beau critiquer, je ne peux qu'être reconnaissant de l'intérêt qu'ils me portent, surtout Mère. Cependant, malgré ma gratitude, j'aimerais qu'ils acceptent de me laisser plus d'indépendance. Mais ce n'est pas grave.
Revenons-en à ma famille.
Ici, à ma droite, c'est Franz, mon frère aîné. Je ne l'apprécie pas particulièrement et il me le rend bien. Il me ressemble vaguement, même beaucoup (en tout cas physiquement). Quelques détails qui ont de l'importance nous différencient. Pour commencer, notre taille. Évidemment, il a vingt-six ans, j'en ai quatorze. Ses épaules sont plus larges que les miennes, son nez plus généreux, sa bouche plus fine et plus étroite. Il a aussi des cheveux plus disciplinés, qui plaisent étrangement aux femmes, et des oreilles que je m'amuse parfois à comparer à celles d'un éléphant d'Asie. Ce qu'il ne sait pas, c'est que les oreilles des éléphants d'Asie sont bien plus petites que celles des éléphants d'Afrique. C'est presque un compliment, au final. Mais il est assez têtu.
À ma gauche, il y a Anne, ma sœur, âgée maintenant de vingt-deux ans. C'est une jeune femme accomplie, contrairement à ce que pensent mes parents (consternés qu'elle ne se soit toujours pas mariée).
Je m'entends extrêmement bien avec elle. Elle me comprend. Quand elle n'y arrive pas directement, elle

cherche toujours à m'aider.
Sur la photographie, elle porte un chapeau. Mais je sais qu'elle marmonnait entre ses dents : « Je déteste ce genre d'accessoire ». Logiquement, ne s'entendant pas avec nos parents, elle est partie depuis peu vivre à Berlin pour y poursuivre ses études. Elle répète souvent qu'elle ne veut pas dépendre d'un mari et qu'elle veut être une femme libre pour subvenir elle-même à ses besoins.
Si toute la famille prend la pose devant notre manoir, c'est pour immortaliser le départ de mon frère Franz...

CHAPITRE 3
2020

Charles était en retard pour son cours d'histoire-géographie, qu'il ne voulait rater pour rien au monde. Mme Ustariz allait enfin débuter le chapitre qu'il attendait depuis le début de l'année : *14-18.*

Je vais être en retard, je vais être en retard, je vais être en re...

Bam ! Il percuta quelque chose, ou quelqu'un... et s'écrasa lourdement sur le sol.

— Hé !

— Désolé... répondit-il en filant à toute vitesse pour aller en cours.

— C'est vraiment un loser ! lança une voix féminine.

Il n'avait ni le temps ni l'envie de s'arrêter sur cette remarque et, après une course effrénée dans les couloirs, il prit sa place habituelle en cours d'histoire.

Je devrais peut-être retourner m'excuser... ressassa-t-il durant toute l'heure.

— Charles ?

La voix de Mme Ustariz le sortit de ses pensées.

— Peux-tu répondre à ma question ? demanda sa professeure, l'air sévère.

Il balaya la classe du regard : personne pour lui venir en aide. *Drinnnnnnnnnnnnnnnnng !*

— Sauvé par le gong, conclut Mme Ustariz, un sourire narquois sur le visage.

La classe était suspendue à ses lèvres. En deux mots et un mouvement de tête, elle prononça les paroles fatidiques :
— Allez, récré !
Dans l'euphorie générale, Charles sortit dans la cour. Aussitôt, un groupe de trois filles s'approcha de lui.
— Ça va ? demanda l'une d'elles.
Il n'en crut pas ses yeux : des filles aussi populaires qui lui adressaient la parole ! Il ne répondit rien.
— Hé ! C'est bien à toi qu'on parle... bouffon ! lança celle qui lui semblait la plus superficielle des trois au vu de son maquillage et de son sac à main - la totale !
— Mel, calme-toi, il ne t'a rien fait. Excuse-la, elle est comme ça. Je vais bien me présenter cette fois : je m'appelle Emy, c'est moi qui t'ai fait tomber tout à l'heure... Je suis désolée, je ne regardais pas où je marchais.
Charles n'en revenait pas ! Une fille aussi jolie qu'Emy s'excusait auprès de lui ! Il en resta sans voix.
— C'est ma faute... c'est moi qui t'ai foncé dessus, réussit-il à articuler en rougissant.
— Je ne t'ai jamais vu avant, t'es nouveau ? enchaîna Emy.
— Oui, je suis venu habiter chez mon grand-père. Je connais pas beaucoup de...
— Viens Emy, on s'en va, je veux pas être vue avec ce loser... lâcha Mélanie froidement en roulant des yeux et en attrapant son amie par le bras.

Entraînée malgré elle, Emy se retourna tout de même vers Charles et, avec un signe de la main accompagné d'un sourire, lui glissa discrètement :
— Désolée !
Ainsi se clôtura cette brève rencontre...

Charles était à nouveau seul, sans copain. Mais ce n'était pas grave. Il privilégiait les vrais amis, comme Max. Ceux que l'on ne compte que sur les doigts d'une main ! Alors il repensa à son grenier, son refuge secret, et aux documents qu'il y avait trouvés. Quand il avait lu ce qu'avait écrit Günther au sujet de la photographie, il avait compris que ce garçon profitait de ce dont lui, Charles, rêvait : l'attention de ses parents... Et il avait une sœur aussi avec laquelle il s'entendait bien. Ils auraient peut-être pu être amis, Günther et lui, s'ils avaient vécu à la même époque !

> – Si tu voyais le style du gars quand il
> écrit, tu adorerais !

textota-t-il à Max.
Celui-ci en effet détestait le langage télégraphique que les jeunes de leur âge utilisaient et ne jurait que par de longues et belles phrases bien construites.

> – C'est qui ce Günther, pour toi ?
> – Je ne sais pas encore. Je sais juste qu'il
> est allemand et qu'il a notre âge.
> – C'est écrit en allemand ?

— Ben oui... dans quelle autre langue veux-tu qu'il écrive ?
— Heureusement que tu fais allemand depuis le CP ! Eh bien bonne chance, Sherlock ! conclut Max.

Charles songea à la guerre de 14-18... Günther avait vécu cette terrible période et y avait sûrement perdu des proches. Comment la grande Histoire se mêlerait-elle à la sienne ?
Voulant en savoir plus sur cette famille allemande, il remonta au grenier. Là, il tomba sur la lettre d'incorporation de Franz, le frère de Günther, dans l'armée allemande et il se demanda s'il avait survécu... Puis il trouva une lettre d'Anne à son frère Franz. Elle le prévenait qu'elle reviendrait à la maison pour le voir avant qu'il ne parte au front. Elle était toujours en colère contre ses parents qui n'acceptaient ni ses choix ni ses envies d'émancipation.
Charles regarda à nouveau la photo de cette famille devant leur maison... Une belle maison, presque un manoir. Mais oui ! La maison ! Il la reconnaissait. Il y avait environ deux ans, son grand-père lui avait donné des albums photos de ses voyages à travers le monde. Et il avait adoré s'y plonger. Il se souvenait d'un cliché. On y voyait une imposante bâtisse très ressemblante à celle de Günther.
Charles dévala les escaliers, alla dans sa chambre, regarda en bas à droite de son placard, là où il conservait les trésors de son grand-père. *Italie – non ! Chine – non ! Canada – toujours pas ! Allemagne*

– *enfin !* Charles prit ce précieux album et remonta au grenier comme une flèche. Il l'ouvrit et en tourna les pages. Tout à coup, il se figea. Il avait devant lui une photo de son grand-père posant devant une maison. Non, devant *LA maison*. C'était bel et bien la même que sur la photo de famille de Günther. Charles fut ravi de sa perspicacité. Il retourna la photo en espérant y trouver quelques informations. Au verso, on pouvait lire : « *Je suis heureux d'être allé à Bonn pour connaître cette maison. Quand je la regarde, je vois une partie de l'histoire de nos ancêtres.* »

Charles savait maintenant que son grand-père avait cherché à apprendre des choses sur cette maison. Mais il aurait bien voulu que le vieil homme lui révèle l'existence de ces carnets et de ces photos avant de partir. Il aurait aimé qu'il lui parle de la branche allemande de sa famille... puisque ses parents, eux, semblaient vouloir à tout prix la lui cacher. Qui était Günther pour lui ? Ce garçon de quatorze ans était-il son arrière-arrière-grand-père ? Comme cette idée était étrange...

Quelques jours plus tard, Mme Ustariz déposa sur l'ENT une recherche de généalogie à compléter. Aucune archive départementale française n'aurait de renseignements sur une famille allemande, ce qui angoissa Charles. Il décida d'aller fouiner du côté de ses aïeuls français. Il relut avec attention la lettre trouvée quelques jours plus tôt. Elle avait été écrite par une certaine Marilou et elle était envoyée depuis Tarnac. *Mais où se trouve Tarnac ?* se demanda Charles. Pourquoi n'avait-il jamais

entendu parler de cet endroit ? Intrigué, il découvrit sur Internet que ce petit village se situait en Corrèze, en Nouvelle-Aquitaine, bien loin de Nice ! Dans cette lettre, la jeune fille racontait le quotidien de sa famille, le travail dans la ferme, et elle donnait des nouvelles de leur père. Apparemment, celui-ci était malade. Comme il avait trouvé également une lettre de Claude qui partait à la guerre, il tenta sa chance auprès de sa mère.
— Maman, c'est qui Claude ? questionna-t-il un soir en mettant la table.
— Qui ? Claude François ? répondit-elle en riant.
— Non. J'ai trouvé une lettre dans les affaires de Grand-Père. Un certain Claude a fait la guerre de 14… J'en ai besoin pour un travail en histoire.
— Oh, Charles, on t'a dit cent fois qu'on ne veut pas que tu fouilles dans le grenier !
— C'est pour le collège !
— Non, non et non ! Je t'interdis d'y entrer jusqu'à nouvel ordre, lui intima sa mère en le regardant droit dans les yeux. C'est clair ?
Malgré cet avertissement, il était déterminé à en savoir plus sur ce Claude. Il était aussi hors de question qu'il se retrouve sans aucune information pour le cours de Mme Ustariz. Cela lui aurait valu un mot. Et Charles avait horreur des mots !
Le lendemain, en rentrant du collège, il profita de l'absence de ses parents pour retourner au grenier. Cette fois, il mit la main sur un vieux carnet aux couleurs fanées. À l'intérieur : le récit de Marilou qui racontait sa vie. Que d'émotions ! Découvrir

ainsi les pensées les plus intimes d'une personne de cette époque ! C'était une mine d'informations sur la famille Dubois !
Tout d'abord, il eut la confirmation qu'il s'agissait d'une famille d'agriculteurs. Qu'en 1914, Marilou avait quatorze ans comme lui aujourd'hui : elle avait dessiné sur l'une des pages du cahier le clafoutis aux cerises qu'elle avait eu pour son quatorzième anniversaire. Elle n'était pas la seule enfant de la famille. Il y avait aussi Claude, le frère aîné, que Charles connaissait déjà. Apparemment, il avait fait des études de mécanique, de brillantes études. L'occasion pour lui de rencontrer un Allemand, à Paris.
Une telle amitié devait être exceptionnelle. Malheureusement, la guerre avait éclaté et il était parti au front... En était-il revenu ?
La guerre, le front, les milliers de morts de 1914...
Il y avait aussi Fernande, la grande sœur de Marilou de dix ans son aînée, avec qui les relations semblaient très électriques, vu la manière dont Marilou en parlait. Elle la trouvait trop indépendante, ne pensant qu'à elle ! Par contre, avec son deuxième frère, Massimo, elle paraissait bien s'entendre. Dans son journal, la jeune adolescente parlait aussi de ses études : elle voulait suivre le même parcours que son frère aîné pour quitter la maison et arrêter le travail à la ferme qui ne lui plaisait pas... Mais ses parents avaient besoin d'elle. Charles se mit à sa place : il n'aurait pas aimé participer aux travaux d'une ferme.

Un autre soir où sa mère était de garde à l'hôpital, il remonta dans son antre. Comme l'interdiction n'était toujours pas levée, il faisait les choses en douce, ce qui ne lui ressemblait pas. Derrière de nombreux objets se dissimulait un rouleau de papier retenu par un petit lacet. Charles le déroula et déchiffra une série de noms et de prénoms : un arbre généalogique.

Le rêve pour son travail !

Il distingua très vite le prénom de Claude, suivi de celui de Fernande, Massimo et Marilou. Au-dessus trônait le fier nom de Dubois, le nom de jeune fille de sa mère ! Charles n'en croyait pas ses yeux. Pendant un instant, il eut l'impression d'être submergé par l'Histoire : il se vit sur le quai d'une gare, aux côtés de Claude, marchant avec appréhension vers le front...

Le bruit de la porte qui claqua le fit revenir en 2020.

— Charles, c'est moi ! cria son père depuis l'entrée. Tu es là ?

Charles glissa sa précieuse trouvaille sous son sweat-shirt et sortit du grenier sur la pointe des pieds.

— Je suis là, P'pa ! Bonne journée pour toi ?

Son père, fatigué, ne prêta pas attention à cette remarque peu habituelle et ils se retrouvèrent dans la cuisine autour d'un reste de repas de la veille. Charles prit son courage à deux mains :

— Je peux te poser une question ?

— Hum hum ! répondit son père, la tête ailleurs.

— Tarnac, ça te dit quelque chose ?

— Non, lui dit son père en se servant un verre de vin. Pourquoi ?
— En histoire, avec ma prof, on fait des recherches sur la guerre de 14 et j'ai vu qu'on avait des ancêtres qui auraient vécu à Tarnac, en Corrèze, sur le plateau de Millevaches ?
— Encore tes recherches ! On t'a déjà dit d'arrêter de fouiner ! Tu as autre chose à faire ! Tu as le brevet en fin d'année, non ?
— Eh oui, justement… c'est pour l'histoire !
— Et tu es obligé de fouiller dans le grenier ?
— C'est fou ! Vous m'énervez ! Je ne demande pas grand-chose, quand même ! articula Charles en remontant les escaliers.
Il fonça dans sa chambre, se jeta sur son lit et vissa les écouteurs de son téléphone dans ses oreilles. Ses parents ne comprenaient jamais rien !

CHAPITRE 4
1915

Journal de Günther

Le samedi 06 février de l'an 1915

Ce matin, je me suis réveillé l'esprit reposé et mon regard est tombé directement sur la fenêtre, à travers laquelle j'ai vu la neige épaisse recouvrir le parc. Aujourd'hui est un jour spécial. Anne, ma sœur, va rejoindre l'arrière du front pour exercer le métier pour lequel elle a été formée : infirmière. Son départ est aussi lié au décès de Berthold, l'homme dont elle était amoureuse. D'après ce que j'ai compris, c'était un journaliste passionné, qui a dû malheureusement partir à la guerre. Comme des milliers d'autres, il est mort des suites de ses blessures. J'en conclus que c'est sa fin tragique qui a décidé Anne à partir, elle qui a un sens aigu de la justice et de l'entraide. Même si je suis fier d'elle, j'ai peur, et l'angoisse de la savoir à seulement quelques kilomètres des batailles ne me plaît nullement. C'est ainsi qu'après m'être levé, après avoir fait ma toilette quotidienne, la gorge nouée, j'ai descendu les escaliers en colimaçon de la maison. Arrivé au salon, j'ai, comme d'habitude, salué mes parents. Mon père lisait le journal, ma mère s'essuyait les lèvres et Anne regardait fixement son assiette, avec ce regard que les gens ont quand ils sont plus attentifs à leurs pensées qu'au monde environnant. Interrompu par notre gouvernante me servant une tasse de lait chaud, je n'ai pas pu poursuivre mes observations.
Puis j'ai décidé de me promener dans le parc, malgré le froid encore féroce ce matin. Une fois dehors, j'ai songé aux soldats dans les tranchées. Plus précisément à mon frère qui doit supporter une température glaciale toute la journée, le manque de nourriture, et tout ce qui peut tourmenter un soldat

au front. Arrivée à mes côtés par surprise, Anne m'a bousculé et j'ai ri. C'était un rire nerveux. Je savais que je ne la reverrais plus d'ici quelque temps. Nous nous sommes enlacés fort pendant de longues minutes. Elle a fini par reculer. Quelques pas de côté… Ses valises étaient posées un peu plus loin…
Elle partait déjà.
Elle s'est éloignée vers la voiture garée devant notre portail. Avant de s'engouffrer dans le véhicule, elle m'a adressé un dernier signe de la main. Des larmes ont coulé sur mes joues brûlantes. Je n'ai pu lui rendre son signe que longtemps après son départ.

Lettre de Franz

Fromelles, le mardi 16 mars 1915

Ma chère sœur Anne,

À l'heure où je vous écris, je suis dans les tranchées. Je viens d'être mis au courant par Père et Mère que vous aviez été recrutée comme infirmière. Pour ma part, ce n'est pas sans fierté que je viens d'être promu capitaine de ma section d'infanterie. Cela fait maintenant trois jours que la bataille a commencé et deux jours que l'on doit tenir la deuxième ligne. Voyez-vous, mes supérieurs sont très impressionnés par mon efficacité et ce n'est pas pour me déplaire.

Pendant ces longs mois de combat, il m'est arrivé tellement de choses que j'ai du mal à réaliser. La grande majorité des fidèles soldats de notre grande armée sont fatigués, mais moi je me sens à ma place. Même si les conditions de vie sont pesantes, je suis vraiment bien. Enfin...
Paris me manque : les restaurants, les cafés et les artistes de rue, les cours de français... Pour être honnête, ce n'est pas cette ville en particulier que je regrette mais les personnes qui la peuplent. Enfin... LA personne avec qui je partageais une aventure. Je me rappellerai toujours de nos sorties au café près du Jardin des Plantes où nous avions l'habitude de prendre un croissant. Nos promenades au bord de la Seine. Nos visites, en fin de semaine, à la grande tour Eiffel pour laquelle nous avions un goût commun. Hélas, je ne la reverrai sûrement jamais.
Un autre point négatif à cette interminable guerre, c'est que je suis privé de votre présence. Je tiens à vous et vous me manquez plus que je ne saurais l'avouer. Je profite donc de cette lettre pour vous témoigner mon affection. Et vous embrasser.
Si vous revoyez Père et Mère avant ma permission, dites-leur que je les remercie d'avoir accepté que je fasse mes études en France quand j'étais jeune et envoyez une tape affectueuse sur la tête du petit

Günther.
Tendrement,

Franz

Journal de Marilou

Le samedi 30 janvier 1915

Aujourd'hui, avec Maman, je me suis levée tôt pour faire les nombreuses corvées de la ferme.
Papa est infirme, malade, à bout... Et Massimo est parti il y a trois semaines pour aller conduire des charrettes de ravitaillement au front. Nous n'avons aucune nouvelle de lui depuis son départ. Cela nous attriste énormément. Je me sens seule et oppressée. Par-dessus tout, j'ai beaucoup de travail car, en partant au combat, Massimo nous a laissé toutes ses corvées. Quand je pense que Fernande a préféré soigner les blessés de cette sale guerre plutôt que de revenir nous aider ici ! Tout me retombe dessus. Je la déteste.
Après avoir fini ma part du travail, je suis allée au village pour chercher les médicaments de Papa et souffler un peu. Avant, j'aimais rester à la maison, mais depuis peu je préfère sortir car chez nous règne une ambiance mortifère. Papa ne mange presque plus à cause de sa maladie qui s'aggrave. Lorsqu'il tousse du sang, la bassine à côté de son lit en est remplie. Quant à Maman, elle ne cesse de pleurer et de prier la Sainte Vierge en italien, pour Claude, pour Massimo et pour la guérison de Papa. Ses origines italiennes se font entendre dans la douleur !

Le village n'étant qu'à une dizaine de minutes de la ferme, j'ai pris mon temps, admirant la nature et écoutant le bruit des insectes. Plusieurs des habitations avaient les volets clos, et les rues étaient pratiquement vides. J'ai aussi remarqué que la plupart des commerces avaient fermé leurs portes, comme la boulangerie. Pierrot (le propriétaire) est parti à la guerre et personne n'a pu le remplacer... J'ai continué ma route et je suis enfin arrivée à destination. Sur la place, il n'y avait presque personne. L'affiche qui annonçait la déclaration de guerre était toujours là. Des femmes parlaient de leurs proches au front. Je me suis approchée de Jeannot et Joseph pour écouter leur conversation. Ils disaient être fiers de leurs fils partis combattre les Boches. L'un d'entre eux m'a remarquée et ils se sont éloignés. La mort plane au-dessus de chaque maison.

Lettre de Claude (non expédiée)

Trayon, le mardi 16 février 1915

Mon amour,

Je t'écris car je ne cesse de penser à toi, et l'idée de te savoir à portée des balles me torture l'esprit. Je te demande de me pardonner car vu la tournure des événements, je pense que notre dispute n'a que peu d'importance. Je suis mort de peur de te savoir en danger. J'espère que tu m'adresseras une lettre pleine de bonnes nouvelles et une réponse positive à ma demande de réconciliation.
Je vis dans les tranchées : ces longs couloirs boueux surmontés de maigres planches. Ils sont notre abri,

avant d'être peut-être notre cimetière. Je dors en compagnie des rats, sous une simple couverture. Chaque matin, le même jus froid et amer qui attaque l'estomac, et le soir une soupe fade et tout aussi froide... Ces carences alimentaires m'ont déjà fait perdre plusieurs kilos. Les bruits assourdissants et réguliers des tirs de barrage ne facilitent pas le sommeil. Les blessés sont innombrables, certains perdent la tête et d'autres souffrent de blessures graves. Mon ami Édouard avec lequel je discutais dans le train s'est fait arracher la joue par un éclat d'obus. J'ai pu le voir avant qu'il soit emmené. Ce pauvre homme a été marqué au fer rouge par cette damnée guerre. Qui sait si sa fiancée voudra encore d'un homme défiguré ?
Nous venons de mener une offensive. Mettre un pied sur le champ de bataille revient à mettre un pied dans la tombe. J'ai vu l'enfer : des geysers de cadavres d'anciens camarades, une pluie d'obus dans un paysage noirci et défiguré par la colère des hommes. La Champagne ne ressemble à rien de ce que nous connaissions. J'ai malgré tout survécu, mais un miracle se produit rarement deux fois.
Comprends-tu pourquoi je trouve la guerre infâme ? Je me souviens de mon désarroi face à ta fierté d'y prendre part... Mais je ne veux pas raviver ici notre ancienne querelle.
Aujourd'hui, l'attente interminable dans les tranchées est synonyme de quotidien, mais chaque heure est atroce. J'en vois certains s'occuper en créant des œuvres à base d'éclats d'obus. Je ne peux rien faire que penser à toi. J'espère que tu vas bien et surtout que tes beaux yeux ne verront jamais cet odieux spectacle.
Je t'aime.

Claude

CHAPITRE 5
2020

Ses dernières découvertes avaient laissé Charles songeur. À travers la lettre de Franz à sa sœur, il avait saisi le patriotisme du jeune Allemand, à sa place dans les tranchées bien que sa famille lui manquât. Alors que celui-ci avait passé quelques jours à Paris avec une mystérieuse personne dont il ne dévoilait pas l'identité, Charles essayait de cerner le caractère de Franz : il avait suivi des cours de français et il avait éprouvé des sentiments pour quelqu'un… Mais pour qui ?

Les pensées de Charles s'emmêlaient. Un goûter s'imposait ! Il trouva des crêpes que sa mère avait préparées. Sur l'aluminium qui les maintenait au chaud, était posé un mot qui lui était adressé : « *Je ne serai pas là du week-end. Bon appétit. Maman.* »

En mangeant sa crêpe, Charles repensa à cette fille, Emy, si sociable et si bien dans sa peau. Elle était venue lui parler… Incroyable ! Tout le contraire de lui, un « loser » à en croire Mélanie, son amie…

Il se replongea dans les souvenirs de 1915.

Il y avait cette étrange lettre rédigée par Claude… L'enveloppe ne portait pas de timbre, le nom du destinataire et une partie de l'adresse étaient effacés. La femme qu'aimait le soldat français ne l'avait donc jamais lue. Néanmoins, le numéro et le nom de la rue ne laissaient planer aucun doute : l'élue de son cœur vivait en Allemagne. Mais qui était-elle ? Comment Claude avait-il pu tomber amoureux d'une Allemande ? Était-elle grande, mince aux yeux verts et aux cheveux ambrés avec un charme sans merci ? Coïncidence... la description de la femme parfaite ressemblait comme deux gouttes d'eau à celle d'Emy.

Mais un détail perturbait toujours Charles : la lettre évoquait une dispute, cause de nombreuses incertitudes. Pourquoi Claude pensait-il que cette femme était en danger ? Il faudrait qu'il demande à Mme Ustariz si les bombardements français étaient aussi meurtriers du côté allemand. Voulait-elle vraiment partir à la guerre ? Et dans quel but ? Était-ce la raison de leur dispute ? Charles comprenait le désir de Claude d'épargner à sa bien-aimée cet odieux spectacle. Était-elle infirmière ? Oui, certainement ! Mais elle pouvait aussi être cantinière... Que faisait une Allemande avec un Français ? Et la Champagne, quel lieu insolite... Avaient-ils fait des voyages ensemble, avant la guerre ? Incarnaient-ils le cliché du couple à la française riant aux éclats, main dans la main et ne vivant que d'amour et d'eau fraîche ?

Le visage d'Emy ressurgit. Il s'imaginait, lui, Charles, avec cette fille, tous les deux se tenant la main...

Une porte grinça... Il retourna en toute hâte dans sa chambre, saisit un carnet qui traînait sur son

bureau, y inscrivit toutes les questions qu'il se posait. Soudain, il eut une idée : Fernande était peut-être cette mystérieuse personne dont parlait Franz dans sa lettre. Ça pouvait coller... Puisque Charles avait une famille franco-allemande, après tout ! Fernande et Franz pouvaient-ils être ses ancêtres ? *Ce serait énorme...* pensa Charles.
Il envoya immédiatement un message à Max :

— J'ai deux nouvelles pistes !
— Dis-moi !
— Fernande et Franz auraient pu avoir une relation...
— Franz aurait donc butiné le magnifique coquelicot qu'était Fernande.
— Ah, ah, ah... Ton vocabulaire est fleuri !
— Je sais, je sais. Et la seconde piste ?
— Claude pourrait avoir été amoureux d'une Allemande !

Charles continua ses recherches tout le week-end. Non concluantes. La nuit était tombée quand son père rentra du camp militaire. Ils dînèrent et, absorbé par sa conversation avec Max, Charles ignora les paroles de son père, à tel point qu'il fut privé de téléphone. Tant pis ! Retournant dans sa chambre, il se replongea dans le passé de sa famille. Les lettres. Les journaux intimes. Il eut la confirmation que Marilou et Fernande ne s'entendaient pas. Cela le rendit triste, lui qui rêvait d'avoir une sœur ou un frère pour pouvoir discuter avec elle ou lui de ses problèmes et ne pas être seul quand ses parents

étaient absents.
Il comprit également que le père de Marilou avait contracté la tuberculose : il crachait du sang et passait ses journées allongé. C'est pourquoi Marilou avait tant de travail à la ferme ! Sa mère priait sans cesse, en italien, sa langue maternelle, qu'aucun autre membre de la famille ne parlait. Mais Marilou expliquait dans son journal que les mots « *Santa Madre, salva mio marito, salva miei figli...* » revenaient tout le temps. Comme cette période avait dû être terrible ! La « Grande Guerre », comme le répétait Mme Ustariz... Cela voulait tout dire ! Grâce au journal de Marilou, Charles imaginait ces villages qui se voilaient de noir avec toutes ces femmes qui portaient le deuil de leur fils ou de leur mari... ou des deux !
Après s'être imprégné de la description pleine d'émotion que fait Günther de sa séparation avec sa sœur Anne, Charles se remémora son grand-père et une larme lui échappa...
Un souvenir particulier lui revint à l'esprit : pendant les vacances d'hiver, son grand-père l'emmenait souvent dans les Alpes pour y skier toute la journée. Charles aimait la neige et c'était son grand-père qui lui avait chaussé ses premiers skis à six ans. Charles adorait dévaler les pentes à toute allure, mais ce qu'il aimait par-dessus tout, c'était la raclette ! Son grand-père aussi en raffolait. Combien en avaient-ils dévoré ensemble après une journée intense sur les pistes ? Et qui disait raclette, disait « concours du plus long fil de fromage fondu ». Que de bons

moments ils avaient eus ! Il se coucha avec ce souvenir en tête et passa une bonne nuit. Il rêva d'une belle jeune fille aux cheveux châtains avec des reflets clairs au soleil, à la fois fins et ondulés, aux yeux marron teintés de vert...

Le vendredi soir dans le bus, perdu dans ses pensées, il ne s'aperçut pas que quelqu'un s'était installé à côté de lui.
— Salut, tu vas bien ? demanda Emy.
Charles rougit.
— Désolé, euh... je ne t'avais pas vue... réussit-il à bégayer.
— Sympa, merci, dit-elle ironiquement.
Il remarqua un petit sourire sur son visage et rit de sa propre bêtise. Emy était aussi belle que dans son rêve. Élégante ou décontractée, elle était toujours bien habillée. Il la trouvait différente des autres et c'est ce qu'il aimait en elle... Mais pour lui, il était impossible qu'une fille aussi populaire s'intéresse à un garçon aussi discret que lui. Depuis leur première bousculade – on pouvait difficilement parler de rencontre, quand il y repensait ! –, il essayait de prendre de plus en plus soin de lui.
Le temps du trajet, Emy et lui parlèrent beaucoup, comme s'ils étaient amis depuis très longtemps.
— Ça te dirait de venir à la maison ? lui proposa-t-il.
— Avec plaisir ! répondit-elle.
Charles ne la prit pas au sérieux. Comment avait-il pu lui faire une telle proposition ? Mais elle était sérieuse et ne disait rien.

— Alors, on y va ? proposa-t-elle, gênée.
— Oui ! Tu sais, ça me fait plaisir d'avoir une amie comme toi.
Étonné par ce qu'il venait de dire, Charles mit la main sur sa bouche. Emy lui sourit et il se sentit mieux d'un coup.
— Moi aussi. J'te pensais ennuyant, mais en fait... t'es plutôt drôle. T'es différent des autres !

Le lendemain, Charles se réveilla, seul comme chaque samedi : son père était en mission et sa mère n'était pas encore rentrée de sa garde à l'hôpital. Après avoir déjeuné, il partit à la recherche de son téléphone qu'on lui avait confisqué. *La salle de bains – non ! La cuisine – non ! La chambre des parents...* Mais pourquoi n'y avait-il pas pensé plus tôt ? Il entra dans la pièce et fouilla les tables de nuit, la commode et enfin le dressing. Là, il découvrit une boîte à chaussures qui semblait pleine. Il l'ouvrit... Pas de portable mais des papiers, de vieux diplômes, et une lettre. Une petite écriture illisible... Une date : 1918... Il s'en empara, reposa la boîte sans bien la refermer.
Il entendit sa mère et vite se réfugia dans sa chambre. Elle passa lui faire un petit coucou et lui demanda comment s'était passée sa soirée. Puis elle décida de se changer pour une tenue plus confortable. Mais, entrant dans son dressing, elle remarqua que la boîte où elle gardait certains documents importants était mal refermée. Quelqu'un l'avait ouverte ! Il manquait une très vieille lettre qui ne

devait jamais entrer en possession de quiconque... Une lettre qui, pour son mari, jetterait la honte sur sa famille !

Quelques minutes plus tard, revenu dans sa chambre après s'être douché, Charles découvrit sa mère devant sa penderie grande ouverte et, par terre, les lettres qu'il avait précieusement classées. Elle avait tout découvert. Il la contempla tandis qu'elle gesticulait mais, tellement impressionné par sa colère, il ne l'entendit pas. Jamais il ne l'avait vue dans un état pareil. Soudain elle le secoua.

— Charles, je t'ai posé une question : est-ce toi qui as touché à ma boîte à chaussures ?

— Je cherchais mon téléphone... J'ai pensé qu'il pouvait être dedans !

— Où as-tu mis la lettre ?

Il sortit la lettre de la poche arrière d'un jean posé dans un coin et la lui tendit.

— Je trouve ton comportement inacceptable, lui dit-elle. De quel droit tu te permets de fouiller dans notre chambre ?

— Et toi ? Après ce que tu viens de faire ? rétorqua-t-il en regroupant les autres lettres éparpillées sur le sol.

— Moi, je suis ta mère, et je croyais qu'on avait été clairs avec ton père ! Tu devais cesser toutes ces recherches stupides !

— Mais pourquoi ?

— Parce que c'est comme ça !

Sa mère ramassa les documents, les jeta dans une corbeille et sortit de la chambre en emportant le tout. Charles la poursuivit dans l'escalier.

— Tu ne comprends pas que c'est la seule chose qui me donne goût à la vie depuis la mort de Grand-Père... Lui au moins, il s'intéressait à moi. Il aurait été fier de moi s'il avait su que je faisais ça ! Vous, vous ne faites que m'interdire ceci, m'interdire cela ! À croire que vous avez quelque chose à cacher !

Des larmes de rage brouillèrent sa vue. Il claqua la porte de sa chambre et réfléchit à ce qu'il venait de se passer. Pourquoi ses parents gardaient-ils cette lettre dans leur dressing ? Pourquoi n'était-elle pas avec les autres dans le grenier ? Il voulut demander son avis à Max... mais il n'avait même plus son téléphone ! Alors il pensa à Emy... Que lui aurait-elle dit s'il avait pu l'appeler ? La veille, dans sa chambre, elle était restée pensive devant ses recherches sur ses ancêtres. Il avait eu peur de passer pour un ado fou, accro au passé. À sa grande surprise, elle lui avait posé plein de questions et avait écouté ses réponses avec attention... Entre eux, un ange était passé.

Toute la journée durant, la maison resta silencieuse. Le soir, quand son père rentra, l'ambiance entre sa mère et lui était toujours aussi tendue. Depuis sa chambre, il entendit son père demander ce qui lui valait cet accueil. Elle lui raconta leur dispute et il tapa un grand coup sur la table. Ce que ses parents ignoraient, c'est que Charles n'avait pas eu le temps de lire la lettre. Sa mère était intervenue trop tôt. Tout ce qu'il savait c'était que la lecture d'un courrier de 1918 lui était refusée. Pourquoi ?

— Charles, descends ! Ta mère et moi voulons te parler ! cria son père.
— Qu'est-ce qu'il y a encore ? répondit-il, excédé.
— On veut discuter de ce qui s'est passé aujourd'hui, dit sa mère, plus conciliante.
— Ça ne servira à rien ! Vous ne voulez rien me dire, vous me prenez pour un gamin. Même à vingt-cinq ans, pour vous je serai encore qu'un enfant.
— On veut juste te préserver ! protesta sa mère.
— Me préserver ? Mais de quoi ? Il faut que je trouve des réponses à mes questions, vu que vous ne voulez rien me dire ! poursuivit Charles qui ne décolérait pas.
— Nous comprenons bien qu'une famille franco-allemande en 14-18, ce n'est pas banal ! concéda sa mère.
— Mais alors pourquoi vous ne voulez pas me répondre ?
— Nous avons peur de ce qu'il pourrait se passer, trancha son père, soudain écarlate.
Fin de la conversation ! Charles regagna sa chambre et claqua la porte.

CHAPITRE 6
1916

Journal de Günther

Le lundi 25 décembre de l'an 1916

C'est Noël. Une fête plus qu'importante pour mes parents, bien que cette année nous ne soyons que trois. Avant de rejoindre le salon, j'ai passé de longues minutes devant mon miroir, lissant du plat de la main les rares plis de mon costume. Quand j'ai été satisfait, je me suis dépêché de descendre les escaliers, les plats devaient être chauds. J'ai regretté qu'Anne ne puisse fêter Noël avec nous. Elle a eu la permission de revenir à la maison mi-novembre. J'avais anticipé que son retour ne réjouirait pas mes parents, qui la considèrent comme rebelle à cause de ses idées d'égalité entre hommes et femmes. En réalité, même si je n'en montre rien, j'apprécie de les voir se confronter à son esprit avant-gardiste. Durant sa dernière visite, j'ai trouvé Anne étrangement triste, ou plus effacée, je ne saurais dire... Elle doit voir tant de choses traumatisantes au front !
À table, j'ai remarqué la bouteille de vin posée près de l'assiette de Mère. Elle a ignoré mon regard désapprobateur, tandis que Père se forçait à sourire.

Sans Anne, je me suis senti seul face à eux deux. L'une accrochée à la bouteille, l'autre à son travail. Notre servante nous a amené les plats. Bien que ses affaires ne soient pas florissantes, mon père a quand même commandé auprès d'un chef réputé des plats luxueux et, auprès d'un décorateur, le plus beau sapin possible. Parfois, je me dis que je ne comprendrai jamais que les hommes cherchent toujours à se faire bien voir au présent sans penser au futur. Mais, après quinze ans de vie commune avec mes parents, je me suis habitué à la folie des grandeurs. Même si je trouve cela superflu, je n'ai pu m'empêcher d'être heureux face à tous ces plats. Il y avait du homard avec une sauce mystérieuse qui brillait grâce aux bougies et qui reposait sur un lit de salade tellement bien répartie que j'ai cru voir une peinture. Il y avait aussi une dinde dorée cuite à la perfection. Non seulement l'odeur et la vue m'avaient déjà comblé, mais le goût était tout simplement exquis.

Il faut que je me mette à la cuisine ! Le monde me paraît toujours plus beau et plus clair lorsque j'ai bien mangé. Ainsi, pendant une seconde, j'ai presque oublié que la guerre gronde dehors.

Cependant je n'ai pas pu m'empêcher de penser à mon frère sur le front depuis deux ans. Même si nous ne nous entendons pas très bien, j'aimerais savoir ce qui lui arrive en ce moment. D'après ses lettres, il se porte plutôt bien. Mais je connais Franz, c'est un beau parleur. Je suis certain qu'il nous cache encore beaucoup de choses sur son quotidien et c'est justement cela qui m'ennuie. J'ai peur de perdre mon frère sans avoir pu lui poser la question qui me taraude. Était-il vraiment heureux de partir à la guerre ?

Lettre d'Anne à Franz

Beaumont, le vendredi 15 décembre 1916

Franz, mon cher frère,

J'espère que vous vous portez bien. Pour ma part, je passe tout mon temps à soigner des soldats. Je ne sais plus si je mange, je ne sais plus si je dors. Celle qui n'était préoccupée, à cette époque de l'année, que par l'achat de ses cadeaux de Noël n'existe plus. Je suis venue ici pour oublier mon chagrin après la mort de Berthold, mais chaque nouveau blessé est un Berthold que je dois essayer de sauver. Ils ont tous son visage. Je n'ose plus écrire à Günther.

Comment lui décrire cela ?

L'horreur.

Mais pas seulement. Des lueurs d'espoir dans cette folie.

Les brancardiers amènent un homme qui hurle. Il a été touché profondément, il y a du sang partout. Sur sa jambe droite, je vois l'éclat d'obus. Le médecin me dit qu'il faut lui couper la jambe, qu'il ne peut pas s'en occuper. Je ne suis pas médecin, je n'ai jamais soigné seule ce genre de blessure. On me donne une bouteille d'alcool pour qu'il ne souffre pas. Les mains tremblantes, je force le soldat à boire et dès qu'il est inconscient, je commence à lui couper la jambe, comme je l'ai vu faire tant de fois, tout en pleurant. Je finis par lui mettre un bandage, il s'endort et son visage s'apaise. Je sors de la tente, m'assois par terre dans la boue. Ce que je ressens me surprend : je suis fière. J'ai opéré un homme, seule.

Il y a aussi ce matin-là, où le ciel est encore noir et les oiseaux endormis. Je dois accompagner deux soldats pour échanger un blessé français contre un des nôtres. Tandis que le froid me mord la joue, assise à l'arrière d'une charrette miteuse, j'aperçois au loin deux fantassins français, le soldat allemand qu'ils doivent nous rendre et une femme, certainement infirmière comme moi. Arrivés au point de rencontre, les soldats français et allemands descendent de leur charrette, escortés chacun du soldat ennemi. Je m'éloigne de quelques mètres. Je préfère ne pas me mêler de tout cela. L'infirmière

française qui s'approche de moi me demande comment j'ai fait pour finir ici, à soigner des blessures qui pourraient faire frissonner le plus courageux des hommes. Je réponds en français. Puis vient le sujet de nos familles respectives. J'ai parlé de vous, mon cher frère, et elle d'un Claude, d'un Massimo. Je n'en sais pas plus, si ce n'est qu'elle s'appelait Fernande, et que nos idées au sujet de l'inégalité entre les hommes et les femmes se rejoignent. Nous sommes reparties nous occuper chacune d'un autre soldat blessé. La seule différence est qu'il ne parlait pas la même langue.
Je vous embrasse tendrement,

Anne

Lettre de Franz à Anne

Damloup, le lundi 25 décembre 1916

Ma chère sœur,
Comment allez-vous ? J'espère que vous vous portez bien, que vous accomplissez au mieux votre devoir d'infirmière et surtout qu'il ne vous est rien arrivé de

grave. Je me demande comment se passe pour vous cette fête de Noël.

D'un coup, le passé ressurgit. Vous souvenez-vous du Noël de vos dix ans ? Père nous avait offert notre premier chien, Ulf, un berger allemand. Nous étions tellement contents... Et le Noël où vous avez rencontré Berthold pour la première fois ? Vous aviez enfin réussi à vous amuser lors d'une fête organisée par Mère. Lorsque j'avais vu votre regard pétiller pendant votre danse avec lui, j'avais pensé que vous étiez enfin heureuse.

Aujourd'hui, j'imagine votre douleur.

Quant à moi, j'ai l'impression de sortir d'un rêve. Nous sommes allés dans les tranchées françaises pour une trêve de Noël ! Improbable pour moi, grand patriote, devez-vous penser ! Et pourtant, cela m'a fait du bien de pouvoir sortir de ce cercle de mort qui devient insoutenable, surtout après nos récentes défaites. Une trêve a donc eu lieu. C'était l'initiative de nos soldats qui, hier, à la tombée de la nuit, se sont mis à décorer nos tranchées et à entonner en chœur des chants de Noël. Quand certains sont sortis vers les tranchées françaises, arborant des chiffons blancs, je n'ai rien dit. Je suis même sorti avec mes hommes. N'était-ce pas la nuit où nous célébrions l'arrivée de notre Sauveur ? Les deux camps, qui se comprenaient à peine, ont joué ensemble au football, ont échangé des cigarettes, de l'alcool, se sont montré leurs œuvres réalisées lors des longs moments d'attente. Il y avait toujours un fossé entre nous et les Français. Les tensions restaient omniprésentes chez certaines âmes blessées. Pourtant, nous semblions plus frères qu'ennemis. Bien sûr, personne à part vous ne peut entendre cela. Surtout pas mes supérieurs.

Mais peu importe car, grâce à la magie de Noël, j'ai pu revoir la personne que j'aime ! En vagabondant entre les soldats, je l'ai entraperçue et j'ai cru halluciner. Mon cœur s'est affolé, des nœuds se sont formés dans mon ventre, mes mains se sont mises à trembler. Nous nous sommes regardés, rapprochés, parlé. Comme si nous nous étions séparés hier. Après quelques minutes sous les étoiles, nous avons dû nous séparer. Cette entrevue si courte restera à jamais gravée dans ma mémoire. En effet, nous avons enfin pu nous réconcilier ; même si nos avis restent divergents, notre amour est bien intact et, malgré une séparation douloureuse, je me sens le cœur plus léger de savoir notre histoire sauvée.

Je vous embrasse, ma chère sœur, et vous souhaite un joyeux Noël.

Franz

Lettre de Marilou à Claude

Tarnac, le samedi 30 décembre 1916

Cher Claude, cher frère,

Si je t'écris, c'est pour t'annoncer une très mauvaise nouvelle.
Papa est mort.
J'ai tout vu de mes propres yeux, je n'ai jamais été aussi horrifiée. J'étais en train de l'aider à manger, quand il s'est mis à vomir du sang en même temps que le repas que je lui donnais. Je ne savais pas quoi faire, je suis restée immobile… incapable de bouger ! Si je l'avais aidé… peut-être serait-il encore en vie ? Je suis restée figée jusqu'au retour de Maman. Maintenant qu'il n'est plus là, une partie de moi s'est envolée, et ça fait affreusement mal. Les obsèques auront lieu demain, nous avons déjà contacté un aumônier. Maman est si triste que Fernande, Massimo et toi ne puissiez être là.
Pour oublier ces affreuses images, je m'efforce de repenser à la fête de Noël. La nourriture se fait rare ici. C'est l'hiver, alors les récoltes s'épuisent. Pour faire face à cette pénurie, le village a organisé un repas collectif dans la grande salle du café, derrière l'église, auquel tout le monde a participé. Beaucoup étaient contents, les adultes trinquaient pour les soldats revenus du front à l'occasion de la trêve. Je m'étais installée un peu à

l'écart, déprimée par votre absence et la maladie de Papa. Maman était restée auprès de lui. La famille Leffont et la famille Lacroix, qui ont perdu leurs fils de dix-neuf et vingt-cinq ans, m'ont rapidement rejointe. Nous avons partagé des marrons, des pommes de terre, de la volaille et un peu de charcuterie. C'était le seul moment de chaleur qu'il m'ait été donné de vivre depuis longtemps. Il a été si bref.

Massimo n'a pas eu de permission. Maman et moi étions très déçues de savoir ça. Fernande non plus n'est pas revenue : elle nous a envoyé une lettre disant qu'elle avait trop de travail et qu'on ne pouvait se passer d'elle. Elle nous a avoué aussi être parfois terrifiée de se trouver encerclée par tous ces blessés et ces cadavres, mais qu'elle tenait bon pour rester efficace. Cela faisait quelque temps que nous n'avions plus de nouvelles d'elle. Et enfin, toi aussi, tu nous manques ! Je suis tellement heureuse de pouvoir te parler grâce aux lettres ! Ça me soulage un peu, pour être honnête. Maman est toujours très inquiète pour vous trois qui êtes là-bas. Tous les jours, elle maudit cette guerre infâme. Vous nous manquez et nous vous aimons très fort.

Prends bien soin de toi, je t'en prie, reviens-moi vite, sain et sauf.

J'attends une autre lettre.

Marilou

CHAPITRE 7
2020

C'était donc ça, la guerre. La famine, les pénuries, des soldats mourants qui se battent coûte que coûte. Des infirmières qui essaient de sauver les blessés avec des méthodes pour le moins radicales. Des villages qui se dépeuplent. Des familles qui perdent leurs enfants à la fleur de l'âge, des hommes au front alors qu'à l'arrière leur mère et leur sœur sont seules pour enterrer leur père ou leur mari. *Même les bourgeois avec leur argent n'arrivent pas à oublier cette guerre...* pensa Charles en lisant le journal de Günther. L'adolescent observait des similitudes entre sa famille et celle du jeune Allemand : des parents absents, l'un accroché à son travail et l'autre à la boisson. Cela lui rappelait quelque chose... Alors que son père était parti pour une énième mission, quelques jours après l'enterrement de son grand-père, il avait aperçu sa mère un soir, une bouteille à la main et dans l'autre une cigarette.

Il faisait le bilan de toutes ces pensées en lançant une balle dans son petit panier de basket accroché à l'un des murs de sa chambre. C'était bientôt Noël... Il venait de lire que, même durant la guerre, des trêves pouvaient être décidées. D'après Franz, cela avait donné lieu à de beaux moments, malgré les mois de vie dans les tranchées. Le jeune Allemand indiquait aussi dans sa lettre qu'il avait retrouvé la personne qu'il aimait. Mais à quoi pouvait ressembler cette femme dont Franz était follement amoureux ?

Cette belle inconnue le renvoya à Emy...

À ce flot de pensées s'ajoutaient les idées de cadeaux pour ses parents, et peut-être, pourquoi pas, un pour sa nouvelle amie ? Que pouvait-elle aimer ? Il n'eut pas le temps de s'interroger, la balle qu'il venait de lancer lui revint dans le visage. Il se redressa. Il fallait qu'il enlève toutes ces idées sombres de sa tête. Il avait quinze ans, il devait être un ado normal, comme les autres au collège. Pour commencer il allait contacter Max, puisqu'il avait réussi à récupérer son téléphone.

— Max, tu ne devineras jamais ce qu'il s'est passé.
— Quoi ? Explique-moi !
— Emy est venue chez moi...
— Mais non... Vous avez... ?
— Max ! Tu penses vraiment qu'à ça.
— Ça va, je rigole. Mais vous vous êtes embrassés ?
— Non, j'aurais bien voulu, mais on a juste parlé.
— Tu sais quoi ? Réinvite-la !
— Tu penses qu'une fille comme elle pourrait s'intéresser à un gars comme moi ?
— C'est sûr qu'avec cette idée en tête t'iras pas loin... Fais-moi confiance et fonce !

— Mais…

Charles n'eut pas le temps de finir son message que son téléphone s'éteignit. Était-ce un signe du destin ? Il n'en était pas sûr mais, sans aucun doute, ce n'était pas en s'apitoyant sur son sort que les choses allaient avancer. Autant inviter Emy ! Mais de nouvelles interrogations l'assaillirent : Où pourraient-ils bien se retrouver ? Au cinéma ? À la plage ? Dans un parc ? Il s'endormit tard, mais heureux, car il avait déniché le lieu où il allait l'inviter. Le seul lieu où il se sentirait bien.

« Au musée ? » Le matin venu, l'étonnement dans la voix d'Emy le pétrifia. Trouvait-elle ce lieu barbant, ou pire : nul ? Non, non… Elle avoua que cette idée était excellente. Le loser avait réussi à inviter la fille qui comptait le plus à ses yeux ! Surexcité, il lui donna rendez-vous le lendemain à l'arrêt de bus et sa journée passa à une vitesse vertigineuse. Même le cours de Mme Ustariz ne réussit pas à le captiver comme d'habitude. Il s'imaginait avec Emy, main dans la main, admirant les œuvres d'art. Tout cela était tellement romantique…
Le soir après le repas, il s'allongea sur son lit, prit ses écouteurs et lança sa musique. La lettre d'Anne à son frère Franz lui revint à l'esprit. Celle qui évoquait les horribles opérations chirurgicales que subissaient les soldats. Il avait du mal à oublier ces détails macabres. Soudain, la balle de papier avec laquelle il jouait lui échappa des mains. Il se

redressa pour la reprendre et son regard tomba sur l'arbre généalogique de sa famille scotché derrière sa porte. En y voyant le nom de Massimo et de Claude, il eut un déclic.

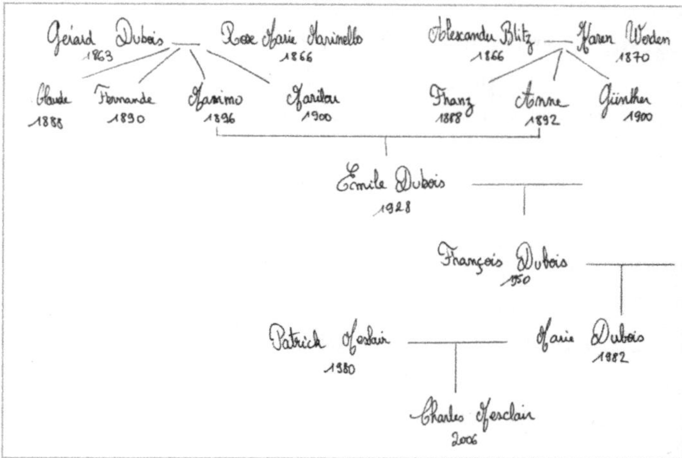

Il alla chercher sur son bureau la lettre datée du 15 décembre 1916. Beaumont. Près de Verdun. La meurtrière bataille de Verdun ! Il la survola avec la certitude qu'il tenait une piste. Quand soudain, là sous ses yeux, il tomba sur la preuve que ses deux familles, allemande et française, s'étaient croisées durant cette guerre : « *J'ai parlé de vous, mon cher frère, et elle d'un Claude, d'un Massimo.* » Extraordinaire ! Elles avaient été au même endroit au même moment... mais dans des camps adverses. Fernande et Anne, toutes deux infirmières, s'étaient croisées lors d'un échange de prisonniers et avaient évoqué leurs frères respectifs ! Incroyable !

Il envoya aussitôt un SMS à Max mais celui-ci ne répondit pas. Alors il se précipita dans les escaliers et entra au salon comme un boulet. Assis devant un documentaire animalier sur les toucans, ses parents sursautèrent. Charles leur fit part de sa découverte.

— On t'avait pourtant dit d'arrêter de fouiller là-haut. Tu es aussi têtu que ton grand-père !

— C'est un compliment, répondit Charles en esquissant un sourire.

— Remuer le passé n'apporte rien de bon ! rétorqua son père.

— Mais que craignez-vous ?

— On a peur de ce qui pourrait se passer, répéta sa mère.

— Mais il ne va rien se passer, répondit Charles. Vous craignez quoi ?

— Rien, ajouta sa mère à voix basse.

— Rien, mais comment ça, rien ? Moi, la seule chose qui m'intéresse, c'est de poursuivre mes recherches. Mais vous me l'interdisez une fois de plus !

Son père soupira :

— Alors, d'accord... On va te laisser continuer... Mais ce que tu vas trouver n'est pas forcément beau.

Charles ne répondit pas. La permission qu'il attendait lui était enfin accordée. Il remercia les toucans qui avaient mis ses parents dans de si bonnes dispositions et embrassa ces derniers avant de remonter dans sa chambre.

Dans l'escalier, son téléphone vibra : Max approuvait

son message. Excité par cette bonne nouvelle, Charles se dit qu'il devait croire en sa bonne étoile pour le lendemain. Il avait donné rendez-vous à Emy à 19 heures car le musée restait ouvert une partie de la soirée. Ce serait plus romantique ! Devait-il soigner sa tenue ou venir en jean ? En plein dilemme, il repensa aux soldats de la « Grande Guerre » faisant la promesse à leurs femmes de revenir et de les aimer plus encore. La décision fut prise : il mettrait l'ensemble gris et la chemise qu'il avait utilisés une fois au mariage de sa cousine.

En attendant l'heure du départ, il fit les cent pas dans sa chambre, mais à aucun moment il ne songea à monter au grenier. Ses sentiments pour Emy lui faisaient-ils oublier ses recherches ? À la grande surprise de ses parents, il descendit bien vêtu à 18 h 50 dans le salon. L'arrêt de bus était à deux pas mais il fallait être ponctuel à leur premier rendez-vous. En chemin, il douta. Quelle idée de mettre son costume pour aller au musée ! Emy allait-elle se moquer de lui ? Mais il n'avait plus le temps de faire demi-tour. Elle ! Quand il aperçut Emy dans sa belle robe bordeaux, tout en elle lui parut parfait et il accéléra le pas. En riant, elle lui expliqua qu'ils venaient de rater le bus. Pour Charles, il était avec elle et c'était tout ce qui comptait. Elle lui proposa d'y aller à pied, ce qu'il s'empressa d'accepter. Ils marchaient tranquillement lorsqu'il sentit sur son cou une, puis deux gouttes de pluie. La météo allait-elle leur gâcher la soirée ? Ce qui paraissait n'être qu'une averse devint vite une pluie si violente que les deux amis n'eurent pas d'autre choix que de courir, et la sensation de la pluie sur son visage apaisa Charles. Soudain, Emy se mit à rire : eux seuls, ne se souciant de rien, la pluie fouettant leurs visages, les gouttes coulant sur leurs joues, semblables à des larmes de joie... Le fou rire gagna Charles. C'était l'un des plus beaux moments de sa vie. Il était avec elle, innocent sous les trombes d'eau et la lumière assombrie. Les lumières du musée leur apparurent comme un phare dans la nuit. Ils redoublèrent d'efforts pour l'atteindre. Sur les marches, ils se regardèrent, essoufflés. Charles tendit la main vers Emy qui s'empressa de la prendre, et tous deux entrèrent ensemble dans le musée, trempés mais heureux.

Après avoir pris leurs billets, ils s'assirent sur un banc, le temps de reprendre leurs esprits. Emy fut la première à parler :

— Je ne sais pas ce que ferait Mel, si je lui disais que je suis au musée avec quelqu'un...

Étonné, Charles lui posa l'une des questions qui le taraudaient depuis leur rencontre :

— Emy, pourquoi toi, une personne si calme, intelligente et compatissante, traînes-tu avec quelqu'un comme Mélanie ?

Emy redevint sérieuse, comme si Charles n'était pas le premier à lui demander cela.

— Lorsque nous étions en primaire, j'étais nouvelle et timide. Mélanie a été la première à venir vers moi. Elle m'a toujours défendue. Je lui dois beaucoup.

Voyant Mélanie sous un angle différent, Charles

admit qu'elle n'avait jamais cherché à le harceler mais avait juste protégé Emy de ce qu'elle pensait être une « menace ». À lui, à l'avenir, d'être plus tolérant...

Ils explorèrent chaque salle. Emy aimait écouter Charles parler de chaque tableau avec fierté, comme s'il en était lui-même le créateur. Il aimait lui transmettre tout ce que son grand-père lui avait expliqué. En pleine visite, ils entrèrent dans une salle où n'était exposé que *La Guerre* d'Otto Dix. Emy, qui s'attendait à entendre les explications de Charles, se tourna vers lui. Mais les mains du jeune garçon tremblaient et des larmes coulaient sur ses joues.

— Charles, qu'est-ce que tu as ?

— ...

— Charles, tu m'entends ?

— Oui, oui, pardon, répondit-il sans quitter le tableau des yeux.

Toute l'horreur de la guerre était là devant lui.

Et soudain son passé le rattrapa. Qu'était-il arrivé, il y a un siècle ? Qui était sa famille ? Pourquoi vouloir lui cacher un pan de son histoire ? Pourquoi son grand-père était-il parti si tôt ? Juste pourquoi ?

La voix brisée, il parvint à articuler :

— Emy, je suis fatigué...

Des taches noires lui brouillaient la vue. Il perdit l'équilibre et Emy l'attira vers un banc où ils s'assirent tous deux. Combien de temps restèrent-ils ainsi, proches l'un de l'autre ? Charles s'excusa. Qui, lors d'un premier rendez-vous, pouvait se permettre de pleurer ? Il releva les yeux vers elle et sentit des papillons dans son ventre.

— Charles, tu n'es pas obligé de t'infliger ça... Peut-être vaudrait-il mieux arrêter tes recherches ?

Depuis la mort de son grand-père, c'était la première fois que quelqu'un s'inquiétait pour lui. À l'inverse de ce qu'espérait Emy, ses yeux recommencèrent à le piquer. Il respira profondément avant de se perdre dans le regard de son amie. Le musée, le tableau, la guerre, ses recherches, sa famille... rien de tout ça ne devait troubler ce moment. Il s'approcha d'elle, l'attrapa délicatement par le cou. Elle ne s'écarta pas. Les lèvres de Charles n'étaient qu'à quelques centimètres des siennes. Cela allait arriver ! Il allait l'embrasser ! Quand l'un des gardiens du musée apparut.

— Excusez-moi, jeunes gens, mais vous êtes assis sur une œuvre d'art !

Tous deux se levèrent d'un bond. En effet, ce banc était une sculpture. La honte ! Ils reprirent leur déambulation et, quelques salles plus loin, Charles prit son courage à deux mains.

— Emy, il faut que je te dise quelque chose...

— Je t'écoute, Charles...

— Je voulais te le dire depuis longtemps, mais j'avais peur que ce ne soit pas réciproque. Je crois que je suis amoureux de toi...

— Je l'avais un peu deviné, répondit-elle dans un sourire adorable.

Charles n'en crut pas ses oreilles. Malheureusement, les gardiens annoncèrent la fermeture du musée et ils durent traverser les dernières salles dans le plus grand silence. À la boutique de souvenirs, voyant l'attention que portait Emy à un petit porte-clés, Charles le lui offrit.

Le père d'Emy avait prévu de la récupérer vers 22 heures sur le perron du musée. Charles regarda les feux arrière de la voiture s'enfoncer dans la nuit. Dans le ciel, les nuages avaient laissé place aux étoiles. Mais avait-il fait les bons choix ?

Seul en compagnie de la lune, il se mit à courir, non pas vers sa maison mais vers un lieu où il était sûr de ne pas être dérangé.

Le cimetière de la ville paraissait triste, sans âme, mais Charles s'avança d'un pas sûr entre les tombes et trouva celle qu'il cherchait. Sur la pierre, le nom de son grand-père brillait fièrement en lettres dorées. Il tomba à genoux et se tourna vers le ciel pour le questionner : « Grand-Père, que s'est-il passé il y a cent ans ? »

CHAPITRE 8
1917

Journal de Günther

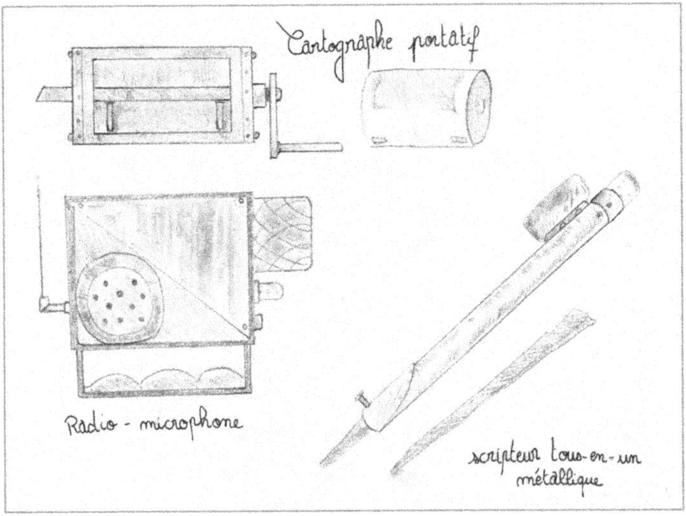

Le jeudi 12 avril de l'an 1917

Depuis que Franz est au front, ma mère se réfugie dans l'alcool. Chaque soir, je l'entends descendre les marches de notre escalier, allumer une bougie et se servir un premier verre. Pour compenser son absence grandissante, mon père lui laisse quelques-unes de ses pâtisseries préférées sur la table le matin, ou un petit mot pour lui montrer son soutien (il est incapable de le lui dire en face). Il essaie de se racheter d'avoir été obnubilé par son travail. J'ai le mauvais pressentiment que plus tard les choses resteront les mêmes pour eux, toujours à vivre comme deux colocataires s'adressant la parole par simple politesse. Pour ma part, j'ai déjà pensé à mon futur, au futur de l'humanité. Le monde qui m'entoure marche au ralenti et perd son temps à faire la guerre. Le seul avantage qu'on peut tirer de la guerre, c'est la vitesse à laquelle vont les progrès scientifiques. Depuis que je m'intéresse à Jules Verne, j'ai une passion grandissante pour les innovations. Je crois que ma perception du monde qui me repousse aux marges de la société reste une force dès qu'il s'agit de réflexion ou d'imagination. Quand l'ennui me gagne, je m'amuse à concevoir sur des feuilles blanches des machines qui pourraient voir le jour dans peut-être cent ans (ou moins si je suis optimiste). Les tiroirs de mon bureau débordent de ce genre de croquis. Je pense que l'aviation sera déterminante pour le futur ; les enfants, eux, rêvent de voitures volantes mais je n'en vois guère l'utilité. Dans le futur, nous aurons sûrement des moyens de communication extrêmement rapides pour parler avec des gens aux quatre coins du globe et des moyens de transport pour nous amener de notre manoir jusqu'à Berlin. Nous pourrions avoir des tours aussi hautes que la tour Eiffel ou les pyramides de Gizeh. Peut-être l'homme ira-t-il sur la Lune. Peut-être ferons-nous le tour du monde en quelques heures... Peut-être ne ferons-nous plus jamais la guerre...

Journal de Marilou

Samedi 3 mars 1917

En ce moment, Maman ne va pas bien du tout. Elle mange de moins en moins ; tous les matins, je dois la réveiller car elle ne se lève pas et il faut la forcer à partir travailler dans les champs avec moi. Devenue muette, elle ne me parle plus. Je ne sais comment l'aider, je suis tellement en colère : tout me retombe encore dessus. Ce matin, nous sommes allées récolter des pommes de terre. Et après le déjeuner, je suis partie au marché vendre mes patates pour quelques sous. Là, une personne dont le visage me semblait familier m'a adressé la parole. C'était Mme Paro, mon ancienne institutrice. J'étais très étonnée mais ravie de la revoir. Enfin une nouvelle réjouissante !

— Comment vas-tu ? m'a-t-elle demandé.

— C'est compliqué à la ferme depuis la mort de Papa.

— Ton père est mort ! Je suis tellement désolée. Si je peux faire quelque chose…

— Je vous remercie. Et vous, comment allez-vous ?

— J'ai pris ma retraite, je ne suis plus toute jeune. Mais l'instituteur qui m'a remplacée est parti au front. On m'a demandé de reprendre mon travail à sa place et j'ai accepté. Je me sens un peu fatiguée, tous les élèves ne te ressemblent pas !

Cela m'a fait un bien fou de parler avec elle. Elle semblait si heureuse et pleine de vie. Puis est venue l'heure de rentrer à la ferme. Nous nous sommes saluées. Mais, tandis que je m'éloignais, une idée m'est venue. J'ai tourné les talons.

— Attendez, madame Paro ! me suis-je écriée.

Elle s'est retournée, étonnée.

— Qu'est-ce qu'il y a ? Tu as un problème ?

— Peut-être... peut-être pourrais-je vous aider dans vos cours à l'école ?

Je n'en revenais pas d'avoir osé.

— Je suis désolée de ne pas y avoir pensé moi-même. Quelle jolie idée !

Nous nous sommes saluées une deuxième fois et je suis rentrée en sautillant joyeusement. Cette rencontre m'avait revigorée tant et si bien que même l'attitude de ma mère n'a pas réussi à m'ôter mon sourire.

Article de presse
(*Le Petit Parisien*, lundi 11 novembre 1928)

Une alliance franco-allemande est possible !

Par Paul Saunier

11 novembre 1928 – Dix ans après la signature de l'armistice, des tensions persistent entre la France et l'Allemagne. Qui ne sont toujours pas réconciliées. Étant un fervent défenseur de la paix, je m'investis moi-même corps et âme dans la création

d'une amitié franco-allemande. Et je tiens à vous en présenter deux ambassadeurs identifiés par mes soins : Massimo et Anne Dubois, un couple franco-allemand !

Voici leur histoire : en août 1917, lors d'une offensive menée par les Britanniques, touché par un éclat d'obus, Pierre qui appartient à la division de Massimo se retrouve cloîtré dans un cratère sur le no man's land. Notre soldat français se précipite pour aider son compatriote. Il déchire sa manche pour en faire un garrot à son camarade qui souffre d'une hémorragie à la cuisse. Ensuite, ils se cachent le temps que le feu se calme. Mais, en essayant de regagner leur tranchée, ils tombent sur un soldat allemand blessé et désarmé. L'idée de l'achever traverse l'esprit de notre poilu mais sa conscience l'en empêche. C'est alors que d'autres Allemands arrivent et leur tirent dessus. Pierre rejoint nos héros morts pour la France et Massimo reçoit une balle dans le torse. Il s'évanouit et se réveille plus tard dans un endroit inconnu de lui.

« Dès que Massimo est arrivé, nous nous sommes mis au travail. C'est le capitaine Karl Bach, le soldat que Massimo avait épargné, qui a tenu à ce qu'on l'évacue avec nos blessés », se souvient Anne, la femme de Massimo, alors infirmière pour l'armée allemande. « Une opération difficile car j'ai dû arrêter une hémorragie. Entre les cris des autres blessés, les récriminations de ceux qui ne voulaient pas qu'on s'occupe d'un Français et la panique de Massimo, nos débuts avaient l'air d'un cauchemar. » Mais, sur place, Anne ne se laisse pas décontenancer et fait ce pour quoi elle est venue : soigner les autres. Lors de sa convalescence, Massimo trouve Anne charmante. Mais étant prisonnier de guerre, il n'envisage pas de la

traiter amicalement. Un jour, alors que la jolie infirmière change ses bandages, elle lui fait mal involontairement. Le soldat l'insulte entre ses dents. Mais, comprenant le français, Anne l'entend et il se doit de lui présenter ses excuses. Ainsi s'engage entre eux une discussion qui se prolonge plusieurs jours. Ils se parlent de leurs origines, de leurs parcours, de leurs familles et des raisons de leur présence sur le front. Massimo a toujours eu du succès auprès des femmes et, chaque fois qu'Anne lui change ses bandages, il lui fredonne les paroles d'une chanson italienne. « L'ora è bella per danzare / Chi è in amor non mancherà. » Intriguée, Anne lui demande la signification de ce couplet. Fier de lui, il répond : « L'heure est belle pour danser / Celui qui est amoureux n'échouera pas. » Quand elle veut savoir pourquoi il répète cet air, il la regarde dans les yeux : « L'amour est le remède à tous les maux des soldats. »
Ensuite, au fil des jours, ils se rapprochent. Massimo éprouve des sentiments de plus en plus puissants. Celle qui était le symbole vivant de son emprisonnement devient un symbole d'espoir. C'est donc tout naturellement que Massimo fait sa déclaration à Anne... en allemand. Hélas, un soldat qui a remarqué leur petit manège les sépare. Mais l'amour n'a pas dit son dernier mot.
À la fin de la guerre, dès sa libération, le jeune amoureux se rend à Berlin, à l'adresse que lui a laissée en cachette sa dulcinée. Il retrouve sa chambre de bonne où ils vivent pendant trois semaines qui sont les plus délicieuses de leur vie. Ils se font la promesse de ne plus jamais se quitter et décident de s'installer à Paris au grand malheur des parents d'Anne, auxquels elle promet d'écrire. C'est là que, en plus de l'Armistice, ils célèbrent

aujourd'hui les six mois de leur fils, Émile Dubois, fruit de leur amour et incarnation de la paix entre ces deux grandes nations que sont l'Allemagne et la France ! C'est là qu'ils vivent aujourd'hui encore.

CHAPITRE 9
2020

Charles essayait encore d'enchaîner les paniers avec sa petite balle en mousse. Il revivait en boucle la soirée du musée.
Sur le chemin du retour ce soir-là, il s'était repassé mille fois dans sa tête la scène du baiser raté. Seul le message d'Emy l'avait ramené sur terre. Elle avait apprécié la soirée et lui adressait un smiley qui aurait dû le rassurer. Mais l'on ne se refait pas : son caractère l'empêchait de se réjouir. Il repensa au jeune Günther dont l'imagination l'avait surpris. Il sourit en se figurant le dernier objet que l'adolescent avait voulu créer : une machine à voyager dans le temps ! Tous deux aimaient l'Histoire, Günther l'avenir et Charles le passé. S'ils s'étaient connus, ils auraient été copains ! Il adorerait avoir une telle machine pour partir à la rencontre de ses ancêtres. C'était étrange que Günther ait imaginé de telles choses alors que son frère et sa sœur risquaient leur vie sur le front. Faire des projets était peut-être une façon de se rassurer. Il était tellement optimiste qu'il avait même prévu une victoire allemande. Bon là, le pauvre, il avait dû déçu !
Quand son téléphone vibra, Charles tendit le bras pour voir qui cherchait à le joindre : Max était de

retour !

— Salut !

— Salut mon pote ! Alors, tes amours ?

— Lâche-moi s'il te plaît.

— Bon, alors tes recherches, Sherlock ? Ça avance ? Tu as découvert que l'un de tes aïeuls avait franchi les lignes ennemies comme une flèche et avait plongé dans les tranchées adverses...

— Arrête ! Non. Par contre, j'ai trouvé un truc fou. Je suis tombé sur la une d'un journal publié dix ans après la guerre.

— Oui... et ?

— Ça raconte l'histoire d'une infirmière allemande qui a soigné un soldat français blessé. Et en fait, ils tombent amoureux et ont un enfant, Émile. Et cet enfant, tu sais qui c'est ?

— Ben... non.

— C'est mon arrière-grand-père !

— Non !

— Si ! L'infirmière c'était Anne, et le soldat Massimo... Ceux dont je lis les lettres depuis le début de mes recherches. Quelle histoire ! Ils n'auraient jamais dû se croiser. Ce sont des familles ennemies ! Une Allemande et un Français, en plein conflit !

— Roméo et Juliette, tu veux dire ! Et ça a duré longtemps ?

— Oui, ils se sont retrouvés après la guerre et ont vécu ensemble en France. C'est pour ça qu'ils font la une du journal.

— Une vraie histoire d'amour. Wouaaah ! Comment s'appelait-il déjà, ton aïeul ?

— Massimo !

— Massimo... Oui, c'est ça ! Un vrai Italien, ton arrière-arrière-papi : il draguait les jeunes Allemandes sur son lit

d'hôpital... Son infirmière, en plus !
Les garçons partirent dans un fou rire en imaginant la scène.
— *Avec un tel ancêtre, c'est sûr, tu vas assurer côté cœur ! Allez, je file, Roméo !*
Max n'avait peut-être pas tort... Il fallait qu'il fonce ! Charles prit son téléphone et tapa :

> Je me reconnais plus, tu m'as apporté énormément en si peu de temps. J'aurais jamais pensé être autant attiré par une personne comme toi... On est si différents ! Mais en même temps, j'ai l'impression qu'on se ressemble ! Quand je suis avec toi, je suis pas le Charles timide qui rase les murs. Non, je suis moi. Quand je te vois, je sais pas ce qui m'arrive... Un mélange d'adrénaline et de stress. Je pense à toi sans arrêt et tout me ramène à toi. Tu m'as donné confiance. Jamais j'aurais pensé ça possible. Tu vas me trouver bête ou dire que je suis nul, mais ça n'a pas d'importance ! Je suis pas le plus beau mais j'ai bon fond... J'aimerais beaucoup savoir ce que tu en penses...

Il préféra ne pas se relire et appuya sur la touche « envoi ».
Puis, après une bonne douche, quand il revint dans sa chambre, l'écran de son ordinateur lui indiqua qu'il avait reçu un message. Une réponse d'Emy ? Mais non... Mme Ustariz lui écrivait :

Bonjour Charles,
Mes collègues et moi-même sommes invités à proposer des élèves à un concours d'histoire pour représenter notre établissement. J'ai tout de suite pensé à toi. Que dirais-tu de t'y rendre ? Il y aura également deux autres camarades. Réfléchis-y. Cela se déroulera dans deux semaines. Je te ferai part des détails en classe mais en attendant parles-en à tes parents.
Cordialement,
Mme Ustariz

Il n'en revenait pas. Serait-il à la hauteur ? Cela représentait quand même une grande responsabilité. Mais avant, il fallait qu'il passe la première épreuve : ses parents. Il se précipita dans la cuisine. Sa mère était là, assise. Le débat fut rude, et plus d'une fois il crut que la réponse serait négative. Mais à sa grande surprise, ses deux parents finirent par accepter. Après tout, il serait sous la responsabilité d'un adulte.
En arrivant au collège le lendemain dans un état d'excitation digne de la veille de Noël, il n'avait qu'une idée en tête : en apprendre plus sur ce fameux concours. Pour une fois, il ne fut pas très attentif. Mme Ustariz lui fit penser à l'institutrice de Marilou. La jeune fille aussi lui vouait une grande admiration. Tous deux adoraient leur enseignante. Une fois encore, Charles se trouvait des ressemblances avec ces personnes du passé. Ils avaient un

autre point commun, mais moins agréable : leurs mères respectives n'étaient pas en grande forme. Il songea à Marilou, obligée de travailler à la ferme au détriment de ses études ! *Je déprimerais, moi,* se dit-il, *si je devais arrêter les cours et mes recherches...* Il trouva incroyable de ressembler autant à cette fille.

La sonnerie de fin de séance le ramena à la réalité. D'autant que Mme Ustariz l'appela pour lui dévoiler le sujet du fameux concours : *la Première Guerre mondiale.* Incroyable ! Quelqu'un semblait lui adresser un signe... Sa famille allait l'aider... Sa professeure dut lui demander plusieurs fois :

— Je peux compter sur toi, Charles ?

— Oui, oui madame, bien sûr ! Je serai là. Merci, merci beaucoup !

Il partit comme une flèche car autre chose le préoccupait : Emy. Depuis la nuit du musée, il ne l'avait pas revue. Et elle n'avait pas répondu à son message. Même ce matin, elle n'était pas dans le bus. Il dévala en trombe les escaliers du hall et, dans la cour, il la vit enfin. Ses cheveux ondulaient dans le vent. Elle avait mis une jupe à petits pois noirs, une veste noire et un chemisier blanc qui lui allaient à merveille. Il traversa la cour sans se rendre compte que certains se retournaient sur son passage. Il l'appela à voix basse. Elle se retourna et lui sourit. Elle le présenta à ceux qui ne le connaissaient pas. Il n'entendit pas ce qui se disait. Il était si étonné de se trouver parmi eux, avec elle, sans que personne ne lui demande ce qu'il faisait là !

La date du concours approchait. Emy et Charles n'avaient pas pu se retrouver seuls à nouveau. Il était maintenant très occupé par la préparation du concours. Mme Ustariz l'avait bien briefé. Il s'agissait d'un oral de vingt minutes, debout sur une scène, à défendre son point de vue face à un jury de spécialistes vous observant et vous jugeant en silence. Pour un introverti tel que lui, ce ne serait pas simple. La thématique de l'année était : *Pourquoi, au lendemain du premier conflit mondial, les hommes voulurent-ils que cette guerre soit « la Der des ders »* ? Il y avait certes des choses à dire, mais Charles se demandait s'il était assez bon pour assurer avec un tel sujet.

Le jour J, il était assis dans le minibus du collège qui devait le déposer devant le grand lycée marseillais où se déroulait le concours. Il était songeur. Le trajet durait deux heures trente. Il avait jugé bon, pour décompresser, de prendre *Orgueil et Préjugés*, son livre préféré, ainsi que ses écouteurs. Mais alors qu'il allait lancer sa musique, une voix féminine lui fit lever les yeux. Quelques secondes plus tard, une silhouette élancée passait la porte. Emy était là ! Évidemment ! Pourquoi cela ne lui était pas venu à l'esprit plus tôt : ne lui avait-elle pas fait part de sa passion pour l'Histoire ? Tous deux échangèrent un regard gêné, mais, sans hésitation, elle vint s'asseoir à côté de lui. Il sentit le rouge lui monter aux joues. Ils échangèrent une bise polie, et le contact de sa peau sur la sienne lui procura quelques frissons.

— Pierre, en troisième B, s'est cassé la jambe au skate park hier soir... lui annonça-t-elle. Alors Mme Ustariz a pensé à moi !

Le sourire aux lèvres, elle demanda à Charles s'il n'était pas trop stressé... Mais il était occupé à parcourir des yeux le visage d'Emy. Sa peau ambrée, ses lèvres et ses traits fins...

— Hé ! Charles ! T'es où ?

Lorsqu'il revint sur terre, Emy avait cessé de parler et Mme Ustariz le regardait, les bras croisés, d'un air mécontent.

— Je te demandais si tu voulais passer le premier.

— Euh... bafouilla Charles.

Mme Ustariz préféra se tourner vers Emy et la désigner comme première candidate.

Lorsque Charles posa le pied sur le parking du lycée, tout lui parut immense. Et pour cause, avant d'arriver à Nice, il n'était pas souvent sorti de sa bourgade, au contraire de son père qui chaque mois arpentait les quatre coins du pays. Emy ne semblait pas intimidée. Lorsqu'ils entrèrent dans le hall, l'atmosphère changea brutalement. Tout était très bruyant. Dans son élément, Mme Ustariz salua calmement des personnes en robe et costume-cravate. Elle remplit le registre d'inscription et précisa qu'elle allait rejoindre ses collègues. Ayant quartier libre jusqu'à l'appel des candidats, les deux amis évoluèrent entre les panneaux d'une exposition sur la Grande Guerre, que l'Office national des anciens combattants avait prêtée pour quelques semaines au lycée. Ils passèrent de longues minutes à admirer les caricatures des dessinateurs de l'époque. Ce qui aurait pu n'être qu'un moment banal pour un adolescent normal devint pour Charles un moment précieux.

Soudain, deux notes de musique résonnèrent et une voix synthétique lança : « *Le numéro 42 est demandé sur la scène, le numéro 42.* »

Avant de partir, Mme Ustariz leur avait confié un ticket sur lequel était inscrit leur ordre de passage. Un rapide coup d'œil sur le ticket d'Emy confirma que c'était bien elle que l'on appelait.

— Souhaite-moi bonne chance, déclara-t-elle en souriant.

— Bonne chance, répondit Charles, les yeux plongés dans les siens.

— Je crois que je vais en avoir besoin !

Lorsqu'elle souriait, ses paupières se plissaient et ses pommettes ressortaient. Le cœur de Charles risquait d'exploser à tout moment. Pourtant, alors qu'elle s'apprêtait à partir, il la retint.

— Emy...

— Charles... souffla-t-elle alors que leurs visages n'étaient qu'à quelques centimètres l'un de l'autre.

Les lèvres de Charles vinrent se poser sur celles d'Emy avec délicatesse. Elle n'était que cristal. Il la serra dans ses bras. Si elle en avait eu l'envie, elle aurait pu se dégager. Mais tel ne fut pas le cas.

« *Le numéro 42, dernier appel pour le numéro 42 !* »

Ils se détachèrent brutalement et, sans un mot, elle partit en direction de l'auditorium. Il n'en revenait pas, il avait osé !

Il n'eut pas le temps de voir Emy après son passage. C'était son tour. Le stress rejaillit d'un coup. Il avança sur la scène, fébrile. Malgré l'immensité de la salle, il n'y avait personne mis à part les trois membres du jury. Celui du milieu, après avoir pris une gorgée d'eau, ouvrit le feu :

— Je suppose, jeune homme, que si votre professeure vous a inscrit, c'est que vous savez beaucoup de choses. Charles ? C'est bien cela ?

Il se contenta d'un signe de tête affirmatif.

— Alors Charles, expliquez-nous pourquoi, au lendemain de la Première Guerre mondiale, les hommes voulurent que cette épreuve soit « la Der des ders ».

Il le savait, bien sûr ! Mais que quelqu'un lui pose la question le rendait muet. Alors il ferma les yeux et respira profondément... « Pourquoi la Der des ders ? se lança-t-il. Est-ce en raison du nombre de morts, civils ou militaires ? Est-ce en raison des dégâts, qu'ils soient matériels, physiques ou mentaux, qu'elle a causés ? Est-ce en raison des familles qu'elle a brisées, des pays qu'elle a transformés, des idées qu'elle a fait naître ? Mais pourquoi faisons-nous la guerre ? Pour trouver la paix ?... »

Ainsi, vingt minutes durant, il osa dire tout ce qu'il n'avait pas osé dire à ses parents, à Mme Ustariz, à Emy. Vingt minutes durant, il eut l'impression d'être lui-même sur le front. Il parla de Marilou et de Günther, de Fernande et d'Anne, de Franz et de Claude. Il parla de sa famille, si particulière, née durant cette guerre. Il les ramena à la vie. Ils étaient

tous à ses côtés. Et juste derrière lui, en premier, il y avait celui qu'il venait de perdre mais qui lui avait redonné goût à l'existence et lui avait tout appris. Son grand-père adoré. Charles était fier et il le montra. Lorsque le temps imparti fut écoulé, resté silencieux jusque-là, le jury se leva. Et applaudit.
À la fin de la journée, les résultats furent publiés. Charles arriva premier de sa catégorie, et Emy quatrième. Pour garder trace de cet événement, Mme Ustariz leur fit prendre la pause avec leurs trophées. Charles en profita pour glisser sa main dans celle d'Emy. Ils voulurent à leur tour faire un selfie avec leur professeure… ce qui lui plut énormément. Ils ne l'avaient jamais vue aussi contente !
Il devait être aux alentours de 20 heures lorsqu'ils reprirent le bus. Le trajet allait être long et ils s'assirent côte à côte. Alors qu'il écoutait sa musique en suivant du regard la lumière des lampadaires défilant derrière les vitres, Emy s'endormit, la tête sur son épaule. Il se sentit comblé. C'était son moment, et rien ni personne ne pourrait le lui enlever.

CHAPITRE 10
1918

Lettre de Fernande à Marilou

Commercy, le mardi 1er octobre 1918

Chère Marilou,

Je t'écris pour t'annoncer une très mauvaise nouvelle qui a bouleversé ma vie et qui va bouleverser la vôtre.
Claude est mort aujourd'hui.
Il a été fusillé.
Il y a deux jours, j'ai pu lui rendre une dernière visite.
Notre cher frère m'a raconté l'histoire qui l'a mené devant la cour martiale. Il m'a aussi rappelé cent fois qu'il n'était pas un lâche. Il m'a imploré de vous le répéter cent fois pour vous en convaincre, et que vous en convainquiez les habitants du village. Les larmes aux yeux, il m'a dit que son bataillon avait été fait prisonnier lors d'une avancée allemande fulgurante. Durant l'assaut, il a perdu connaissance suite à une explosion.

Les Allemands l'ont laissé pour mort au milieu du champ de bataille. Il s'est réveillé quelques heures plus tard, se demandant où il était. Quand des officiers français l'ont retrouvé là, seul, ils ne l'ont pas cru et ont conclu qu'il avait déserté. C'est tout ce qu'il a pu me raconter. « L'armée française fait une terrible erreur en m'assassinant ! J'espère que vous vous souviendrez de moi longtemps ! » Ce sont ses derniers mots.

Je suis désolée que tu doives l'annoncer à Maman toi-même mais, vu son état, j'ai peur de lui écrire directement, et je ne sais toujours pas quand je rentre. Je compte sur toi pour la soutenir. Annonce-le-lui avec douceur. Et n'écoutez surtout pas ce que peuvent dire les gens.

Prenez soin de vous, je vous aime, vous me manquez.

Fernande

Journal de Marilou

Mercredi 13 novembre 1918

« Nous avons gagné la guerre ! Nous avons vaincu les Allemands ! » criaient tous les villageois en pleurant de joie. « C'est une si bonne nouvelle pour notre pays ! » Un grand repas a été organisé sur la place du village pour fêter cela

dignement. Le bal était juste en face et les musiciens devant l'entrée de la mairie. L'atmosphère était très joyeuse.
Mais impossible pour moi de partager cette allégresse. Ils me regardaient tous comme si j'étais une pestiférée. Je les déteste.
J'ai appris une très mauvaise nouvelle récemment. Mon frère Claude est mort fusillé pour trahison. Je suis effondrée... Après mon père, mon frère... Claude a combattu quatre ans pour la France. Comment peuvent-ils le considérer comme un traître ? Maman, elle, ne s'occupe plus des champs, ni du jardin, ni des animaux. Le potager est en train de mourir. Les animaux ont maigri, je ne pense pas pouvoir en prendre soin, on va sûrement devoir les vendre aux voisins. Je ne crois pas que Fernande revienne vivre ici, et bien que Massimo ait été libéré, je ne sais pas où il se trouve. J'essaye de tourner la page mais ça ne va pas être facile.
J'ai commencé à prendre des cours avec mon ancienne institutrice, Mme Paro, pour devenir moi-même institutrice et partir d'ici.

Journal de Günther

Le mercredi 13 novembre de l'an 1918

Je perds contact avec la réalité, mon ventre et mes yeux me brûlent, je me sens perdu dans un vaste horizon de malheur. J'ai reçu hier une lettre de mon frère. Franz est mort il y a de cela quatre jours à la bataille de Vrigne-Meuse. Le jour même de l'abdication de Guillaume II.
Mère et Père n'ont pas parlé depuis. C'est comme si le

monde autour de moi s'était arrêté. Dans sa dernière lettre, Franz parle de ses sentiments, et pour la première fois j'ai l'impression d'être proche de lui. « [...] Dans les tranchées, nous sommes tous désemparés. La fin est proche, la guerre n'a plus lieu de continuer. J'ai perdu ce qui m'était le plus cher sur cette terre. C'est plus dur que toute la misère que je vois chaque jour. Aujourd'hui, je sais ce que j'ai à faire pour oublier, j'espère que tu ne m'en voudras pas trop et que tu seras fort dans ces temps difficiles. [...] » Mon frère m'a été enlevé mais, d'après ce qu'il m'a dit, il n'avait plus aucun désir de vivre. La détermination qui a toujours brûlé dans ses yeux s'était éteinte. Comment, pourquoi, je n'arrive pas à le comprendre. C'est comme si une partie de la nature humaine m'était interdite.

À cette tragédie s'ajoute le fait que mon père est ruiné. Ma mère perd la tête et s'accroche à la bouteille. On a perdu la guerre et mon père veut déjà se venger de la France. Il n'est pas le seul à être en colère. Tout le pays est dans le chaos. Les gens dans la rue manifestent leur haine, leur désir de revanche, et provoquent des émeutes jusque devant chez moi. De plus, la famine se fraie un chemin chez les plus pauvres ; j'ai aperçu depuis ma fenêtre des mendiants abordant des passants pour un bout de pain. J'espère que les effets de cette crise ne toucheront pas trop vite ma famille, c'est tout ce que je souhaite.

Quant à Franz, je ne souhaite pas créer plus de problèmes à mes parents en abordant le sujet de sa mort et le mystère qu'elle semble cacher. De sa part, c'est comme un suicide. Je me pose des questions : Quelle était la chose qu'il dit avoir perdue dans sa lettre ? Était-ce un objet ? Peut-être avait-il tissé des liens avec d'autres personnes là où il était ? Un ami ? Une femme dont il n'aurait jamais parlé ?

CHAPITRE 11
2020

Après une journée épuisante, Marie, la mère de Charles, était assise sur le canapé où elle espérait trouver le calme qui lui avait été refusé durant les semaines précédentes. Mais le tintement de son téléphone la ramena à la réalité. Heureusement, au lieu d'un message de l'hôpital qui manquait de personnel, cette fois-ci c'était un mail de Mme Ustariz qui tenait à féliciter Charles pour la détermination et le sérieux dont il avait fait preuve. Elle ajoutait que ses parents avaient dû être à ses côtés souvent pour qu'il acquière autant de connaissances. Lisant ces lignes, Marie éprouva une immense gratitude envers son fils qui, malgré le décès de son grand-père, avait su rester fort. De là où il était, François Dubois devait être fier de son petit-fils. Une larme coula le long de sa joue, mais elle s'empressa de l'essuyer. Elle ne devait pas se laisser aller.
Quand son mari entra dans le salon, elle lui montra le message. Toujours excédé par les recherches que Charles s'entêtait à mener, Patrick s'efforça de cacher sa satisfaction. Pour lui, les appréciations importaient peu, du moment que la moyenne de son fils restait excellente. Pourtant, il ressentit une étrange sensation de remords. Contrairement à ce

qu'en pensait Mme Ustariz, il n'était pour rien dans la culture de son fils dont il ne s'était jamais occupé. Pas une fois il ne l'avait aidé, pas une fois il ne l'avait encouragé... Honteux, il regretta de l'avoir sous-estimé. Pourtant, ce soir-là, à table, aucun des deux ne fit allusion au courrier de la professeure. Peut-être avait-il bouleversé plus d'une personne autour de la table mais pour des raisons différentes...

— Es-tu folle ? Si les gens l'apprenaient, j'en mourrais de honte ! lança Patrick à sa femme alors que, le dîner terminé, Charles était monté dans sa chambre depuis longtemps.
— Arrête de parler comme si ça allait être la fin du monde. Ce secret ne changera rien, ni à ta vie, ni à la mienne ! répliqua Marie qui pensait le temps venu de donner la lettre tenue secrète à Charles.
Le père se leva brusquement.
— On a assez d'une histoire tordue dans la famille. Déjà qu'il est toujours pendu au téléphone avec Max !
— Qu'est-ce que Max a à voir là-dedans ?
— Max et Charles sont bien plus que des amis... Tu ne t'es jamais demandé pourquoi ils continuaient à s'écrire malgré la distance ?
— Mais que vas-tu imaginer ? Tu es obsédé par cette histoire, tu ne comprends rien, mon pauvre !
— Ah bon ! Qu'est-ce que je ne comprends pas ?
— Rien... Laisse tomber !
La mère quitta le salon et monta à l'étage. Elle frappa doucement à la porte de son fils.

— Je peux entrer, chéri ?

Charles était à son bureau, en train de rêvasser au-dessus d'un devoir de maths. Il lui demanda quelle était la cause de ce remue-ménage.

— Ton père et moi ne sommes pas toujours d'accord... Cela arrive. C'est la vie...

— Il faut que Papa se calme ! Qu'est-ce qui se passe ?

— Tu connais ton père ! Ce n'est pas le roi de la communication ! Il garde tout pour lui et quand il explose...

— Oui, je le connais !

Un silence pesant s'installa. Charles alla s'allonger sur son lit. Sa mère prit sa place au bureau.

— Tu te rappelles, il y a quelque temps ton père et moi t'avons confisqué cette lettre que tu avais trouvée dans notre chambre.

Charles se redressa.

— Je pense que ce serait le moment de t'expliquer notre geste... mais Papa ne veut pas.

— Pourquoi ?

— Ton père pense qu'entre Max et toi, il se passe des choses.

— ... Maman ! Tu sais bien que Max est mon meilleur pote. C'est tout !

— Je sais ! Mais ton père est étonné par votre relation.

— S'il était un peu plus là, peut-être que je pourrais lui dire des trucs. Mais son boulot passe avant moi !

— Je le sais, mon cœur. Et moi-même, avec l'hôpital, je ne suis pas très disponible non plus !

Charles sourit tristement à sa mère.

— Avant...
— Oui, avant tu avais Papi... et maintenant il n'est plus là. Mais tu as l'air mieux depuis quelque temps.
— Oui, avoua Charles en se grattant la tête.
— C'est ton concours d'histoire qui t'a redonné le moral ? Mme Ustariz m'a envoyé un mail pour me raconter ton exploit.
— Ah bon ?
— Oui, elle a l'air drôlement fière de toi ! Moi aussi. Ça m'a fait plaisir. Tu me racontes ?
Il lui expliqua en détail le déroulement du concours. Cela lui fit du bien car il n'avait pas eu de discussion complice avec sa mère depuis longtemps.
— Et après, quand j'ai fini, je suis retourné retrouver Emy...
— Emy ?
— Oui... Une amie...
Charles retint son souffle. Il avait bien failli se trahir.
— Ah ! D'accord !
— Ça t'étonne que j'aie une amie ?
— Non, non ! Qu'est-ce que tu t'imagines ? Et après, qu'est-ce qui s'est passé ?
— Rien... On est rentrés.
— Vous êtes rentrés, répéta sa mère en essayant de cacher un sourire.
C'était la première fois que Charles parlait d'une fille, alors elle lui passa la main dans les cheveux et sortit de la chambre.
Le lendemain, Patrick, qui avait réalisé que son fils avait besoin de son attention, décida d'aller le

chercher au collège. Quand il vit Charles passer le portail, celui-ci tenait la main d'une fille. Aussitôt, il détourna le regard et fit demi-tour, préférant attendre que les deux adolescents se séparent pour revenir vers son fils.

— Salut Papa ! Que fais-tu là ? lui demanda Charles, surpris, quand il vint à sa rencontre.

— Salut fiston. Je me suis dit que ce serait une bonne idée de venir te chercher.

— Oui. Ça me fait plaisir...

Le trajet se passa tranquillement mais sans vraie discussion car Patrick n'en revenait toujours pas que son fils ait une copine.

Le lendemain, Emy raccompagna Charles jusque devant chez lui. Dès qu'il eut claqué la porte, son père, qui les avait vus par la fenêtre, lui demanda en souriant :

— Comment s'appelle-t-elle ?

— Emy, répondit Charles.

— Je suis content de te voir avec Emy ! Qu'est-ce que les gens auraient pensé si tu avais été avec Max ?

Toute forme de joie sur le visage de Charles s'envola.

— Que veux-tu dire par là ?

— Charles, ce n'est pas ce que tu crois, mais, vu que tu écrivais beaucoup à Max... j'ai cru que...

— ... Que je l'aimais ? C'est ça que tu essaies de me dire ? Tu te trompes. J'aime Emy. Mais même si j'avais aimé Max, ça n'aurait pas été une erreur, ni une honte.

Ses yeux se remplirent de larmes. Il les essuya d'un geste rageur et jeta un regard noir à son père. Ce dernier baissa simplement la tête... Décidément, il ne changerait jamais !

Près d'une heure plus tard, son père revint frapper à la porte de sa chambre. Il déposa le journal intime d'Anne qu'il tenait sur son bureau et repartit sans un mot. Une lettre dépassait d'entre les pages, à la date de la mort de Franz. Anne y précisait qu'elle regrettait de ne pas avoir pu transmettre le courrier à son destinataire. Charles comprit. Grâce à cette dernière missive, le puzzle se reconstituait. Il allait enfin connaître le secret que cherchaient à lui dissimuler ses parents.

CHAPITRE 12
1918

Vendredi 13 septembre 1918

Mon amour,

Que la sensation de tes mains fines et délicates parcourant mon dos, et de mes lèvres embrassant les tiennes comme si chaque baiser était le dernier, me manque. Dès que mes yeux sont clos, tu apparais, tel un mirage.
Malgré la guerre, nos familles, nos nationalités, je garde l'espoir qu'un jour, mon amour, nous nous retrouverons, vivants, et heureux.
Tu as toujours accaparé mon esprit, mais ton absence aujourd'hui m'est insupportable.
Si je me bats encore, alors que tu me l'avais interdit, c'est pour que cette guerre se termine et que nous nous retrouvions enfin.
Je me bats pour revoir de nouveau ton sourire qui illuminait mes journées, qui me faisait oublier qui j'étais, qui me faisait t'aimer.

Lorsque la guerre se terminera, je veux sentir ton corps contre le mien, je veux te découvrir de nouveau, je te prouverai mon amour, tu seras mien.
Je veux plonger mon regard dans le tien, je veux éprouver ce sentiment, ce plaisir de voir la joie s'installer sur ce visage angélique qui est le tien.
Si t'aimer est une erreur, alors je ferai cette erreur toute ma vie.
Tu es le risque que je veux prendre.

Je t'aime Claude,
Comme personne n'a jamais aimé.

Franz

Remerciements :

Mme Isabelle Ustariz, professeure d'histoire-géographie
Mme Frauke Nottrot
Mme Marie Garand

Alaa Ammour, Mohamed Boujida, Mélissa Boulanger,
Efraim Cassingi, Auréline Cransac, Chiheb Derbali,
Clémence Dupuy-Coatantiec, Mehdi Faik, Timothée Maupeu,
Anna-Carolina Novais Pinto, Lubin Triguero, Mila Vianès

Des classes de 3^{e}
Collège Jean-Rostand (Balma)

Illustrations : Mila Vianès et Timothée Maupeu

Enseignantes :
Carole Couzinié, professeure de français
Marie-Laurence Sternak, professeure de français

Avec le parrainage de Chrysostome Gourio, auteur

L'OMBRE DU PÈRE

Roman collectif

Prologue

C'est la nuit. Les voitures et l'air moite de Bangkok me réveillent. Je rejette mes draps, je me dirige à tâtons vers la cuisine pour prendre un verre d'eau. Des bruits de conversation affolée me parviennent du salon, deux voix : celle de ma mère et une voix masculine, celle du meilleur ami de mon père, Duang. Je le connais depuis que je suis né : un homme secret qui nous accompagne et aime me donner des leçons de vie. « Je sais que c'est compliqué à entendre, dit-il d'une voix pressée, mais tu dois le protéger à tout prix ! Fais ses bagages et emmène-le loin de tout ça. »

Tout se passe très vite. À la minute où ma mère m'aperçoit dans le couloir, elle me prend par le bras, me tire jusqu'à ma chambre. Elle semble paniquée. « Prends tes jouets préférés ! » m'ordonne-t-elle. Elle saisit mon sac de voyage dans lequel elle jette précipitamment quelques vêtements, et file tandis que je ramasse mes peluches au hasard.

Déboussolé, je la rejoins dans l'entrée. Elle m'attend, un sac dans chaque main, à côté de l'ami de mon père qui porte une malle rouge que je ne connais pas. À leur expression, je mesure la gravité de la situation. « Il faut partir, John, me dit Duang en me saisissant par les épaules. Sois courageux,

reste bien à côté de ta mère. »
L'instant d'après, nous montons dans une grosse voiture noire qui ressemble aux voitures des films que je regarde de temps en temps à la télé avec Maman. Je serre mon doudou contre moi. Ma mère que je n'ai jamais vue aussi inquiète ne dit pas un mot. Nous roulons à toute vitesse. Suis-je en train de rêver ? Mais le bruit d'un avion qui décolle me fait comprendre que je suis bien réveillé ! La voiture freine brutalement, ma mère en sort aussitôt, ouvre ma portière et prononce ses premiers mots depuis le départ de la maison : « Monte vite dans l'avion, je t'expliquerai tout en France ! »
En France ? Je ne comprends pas. L'aéroport est vide et silencieux, un lever de soleil se profile à l'horizon. Je cours vers la passerelle, je me retourne, affolé, est-ce que Maman me suit ? et... dans ma précipitation, je trébuche et tombe sur la première marche de la passerelle. Je hurle. Duang accourt. Le sang coule sur mon œil gauche et je pleure en appelant Maman. Elle lâche nos sacs et me prend dans ses bras. « Ce n'est rien, mon chéri, tu t'es juste ouvert l'arcade, ça saigne beaucoup mais ce n'est pas grave. Je te soignerai dans l'avion. »
Duang retourne à la voiture et apporte la malle rouge. Malgré la douleur, je vois les yeux humides de ma mère, son regard désespéré, et du haut de mes six ans je devine la peur sur son visage.

I

Quelques années plus tard...

John était impatient, la rentrée approchait et, après plusieurs mois d'interruption et les vacances d'été, il allait enfin pouvoir reprendre son sport de cœur : la boxe.

Pressé, il se hâta vers le bâtiment au-dessus duquel une large enseigne affichait le nom de la salle. C'était immense et de larges baies vitrées laissaient entrevoir les assauts en cours. Ici, on pouvait pratiquer tous les sports de combat : judo, karaté, kung-fu, savate... et bien entendu, la boxe.

La porte d'entrée était grande ouverte et, juste devant, John aperçut un vélo accroché à un poteau qu'il contourna pour pénétrer dans le bâtiment. Dans le hall d'entrée, qui paraissait sombre en comparaison du soleil de fin d'été, s'alignaient des vitrines remplies de trophées de toutes tailles, et des affiches colorées tapissaient les murs.

John était heureux à l'idée de faire à nouveau du sport et de pouvoir reprendre les tournois et les compétitions. Il se remémorait ses victoires, le plaisir indescriptible de voir son bras levé par l'arbitre et le regard pétillant de joie et de fierté de sa mère dans les gradins.

Il remonta rapidement les couloirs et, tout à son excitation, se trompa de vestiaire.

Une jeune fille, écouteurs sur les oreilles et chantonnant en rythme, était adossée aux casiers. Grande et imposante, elle avait de longs cheveux bruns et, avec des gestes précis, enroulait une bande autour de son poignet. John la vit lever ses beaux yeux noirs. Elle ôta un écouteur et le fixa. Il était surpris de trouver une fille dans ce qu'il croyait être le vestiaire des garçons et en resta médusé.

— C'est le vestiaire des filles, ici. T'es perdu ? demanda-t-elle ironiquement.

— Heu... bah... je... bégaya John en reculant.

— C'est les filles, ici ! répéta-t-elle.

Il jeta un œil à la porte et aperçut le dessin d'une fille en robe et gants aux poings.

— Désolé, je suis nouveau...

— Le vestiaire des gars, c'est en sortant à droite.

— Ah, OK, merci.

Sortant du vestiaire, un garçon faillit heurter John et s'excusa avec un grand sourire aux lèvres.

— Salut ! Toi, c'est la première fois que tu viens, tu as l'air perdu.

— Euh, oui, c'est ça, s'excusa John.

Le garçon lui tendit une main bandée en lui faisant signe d'entrer, puis il lui désigna un casier.

— Je suis Daniel et, tiens ! tu peux mettre tes affaires ici en attendant qu'on t'en attribue un.

— Merci, je m'appelle John.

— Bienvenue, John. Allez, habille-toi, je vais te faire visiter la salle.

John se vêtit rapidement, rejoignit Daniel et fila vers la salle de boxe.
La jeune fille du vestiaire était assise par terre. Concentrée, elle s'échauffait les doigts. Un peu troublé, John comprit qu'elle était dans le même cours que lui. Daniel lui présenta rapidement les personnes avec lesquelles ils allaient s'entraîner. Mais John ne retint que le prénom d'Alia qui était, selon les dires de Daniel, la championne du club.
— Bonjour à tous, voici John ! dit l'entraîneur.
Il se tourna vers le garçon.
— Tu as déjà fait de la boxe, mais il y a longtemps, c'est ça ?
— Oui, enfin... Ça fait quatre mois que je suis pas monté sur un ring, répondit John.
— D'accord. Tu boxes depuis combien d'années ?
— Heu... (John compta rapidement sur ses doigts.) Un ou deux ans quand j'étais petit... Puis j'ai arrêté et... heu... j'ai repris à l'âge de dix ans jusqu'à maintenant.
— OK, tu penses pouvoir être toujours au top ?
— Oui, tranquille, j'étais le champion de mon club !
— On va voir ça, dit l'entraîneur pour calmer son ego. Alia, tu t'es échauffée ?
— Oui, répondit-elle en s'attachant les cheveux.
Le coach rappela les règles du combat. John et Alia montèrent sur le ring. Les deux combattants se tapèrent sur les gants et prirent place chacun à une extrémité, dos aux cordes. La cloche sonna et le combat commença doucement. Ils se rapprochèrent, lentement, se guettant l'un l'autre, estimant

mutuellement leurs capacités respectives.
Puis, petit à petit, l'intensité monta...

Jour de la rentrée...

Alia arriva au lycée, l'excitation nouée au ventre. Elle accrocha son vélo au râtelier avec les autres et jeta un œil autour d'elle.
Devant les portes, des groupes d'élèves parlaient avec entrain et l'effervescence était dans toutes les voix. Dans quelle classe serait-on ? Avec qui allait-on se retrouver ? Est-ce que ce serait si différent du collège ?
Elle chercha Charlie du regard. Elle savait qu'il était déjà là à l'attendre : pas question qu'il soit en retard. Pas comme elle, qui faisait toujours dix mille trucs en même temps. Ils s'étaient vus quelques jours plus tôt, avec toute la bande du collège, comme pour une tournée d'adieux. Bien entendu, elle était arrivée à la bourre. Tous les autres se retrouvaient dans le même établissement, Charlie et elle étaient les seuls dans ce lycée... Les joies de la carte scolaire...
Assis sur un muret, un garçon avec un peu d'embonpoint, cheveux châtains et souriant, l'appela. Elle courut le rejoindre.
— Salut Charlie !
— Eh ! Alia ! Comment ça va ?
— Bien, bien...
— T'avais pas un tournoi, ce week-end ?
Aussitôt, elle se renfrogna.

— Non. Mais il y a un nouveau à la salle. Je ne sais pas d'où il vient, mais il me saoule déjà !
— Me dis pas que tu as trouvé plus fort que toi ! rigola Charlie.
— Plus fort, ça me ferait mal... marmonna Alia.

En entrant en classe, Alia s'arrêta net et Charlie faillit lui rentrer dedans. Elle resta là quelques secondes, plantée dans l'encadrement de la porte, puis partit à toute vitesse s'asseoir au fond. Intrigué, Charlie la suivit. Il se posa à côté d'elle et l'interrogea du regard mais, interrompue par leur professeur principal qui commençait l'appel, Alia ne lui répondit pas. De toute façon, elle n'en avait pas envie.
À tour de rôle, à l'appel de leur nom, les élèves levèrent la main, dévisageant leurs nouveaux camarades, essayant de deviner qui serait susceptible de devenir un ami ou qui il vaudrait mieux fuir. Mais Alia fixait un coin de la classe, presque sans ciller. Charlie suivit son regard pour découvrir un garçon brun, assis près de la porte, avec une mèche qui lui cachait partiellement l'œil gauche. Détaillant le garçon, Charlie attendit qu'il réponde à son nom.
— Alia Sanchez, appela le professeur.
— Présente, dit Alia en levant la main.
— John Vaji.
C'est alors que le garçon leva la main.
— Présent, dit-il.
Alia serra les poings sur la table. Un éclair jaillit dans la tête de Charlie qui se tourna à nouveau vers

son amie, un petit sourire au coin des lèvres : John était celui qui lui avait donné du fil à retordre ce week-end.

Durant toute l'heure, Alia porta peu d'attention à ce qui l'entourait. Puis, à l'interclasse, dans les couloirs bondés d'élèves excités par ce premier jour, Charlie essaya de lui tirer les vers du nez.

— Allez, Alia, dis-moi ! C'est lui, le fameux nouveau de la boxe ? Je suis sûr que c'est lui !

— Oui, c'est bon, c'est lui, répondit Alia en regardant ailleurs.

— Ah, ah ! Excellent ! Il vient d'où ? questionna Charlie.

— Qu'est-ce que j'en sais ? répondit-elle.

— Bah ! Tu lui as même pas parlé et tu le détestes déjà ?!

— Il m'intéresse pas, OK ?

— Il t'a battue, hein ?

Alia s'arrêta net et pointa l'index sur Charlie.

— Personne ne me bat dans cette salle ! C'est compris ?

— Mais tu l'as pas battu non plus, vu ton humeur, rigola son ami.

— Ah ! Au fait, les chatons sont nés, ils sont trop mignons ! dit-elle en se retournant et en changeant de sujet.

Charlie rigola à nouveau puis rentra en classe, Alia sur ses talons. Cette rentrée était décidément très intéressante.

Dernière heure de la journée...

Cours d'histoire. Avec les nouveautés auxquelles il allait falloir faire face et le stress des jours à venir, on bavardait, on s'agitait et le professeur peinait à tenir la classe. Pourtant, dix minutes avant la sonnerie, il réussit à obtenir le silence grâce à une annonce :

— Allez ! La cloche va sonner et j'ai quelque chose d'important à vous dire. Je dois vous parler d'un projet en lien avec votre option audiovisuel.

Tout le monde se tut. On s'interrogea du regard pour chercher à savoir ce que serait ce fameux devoir...

— Nous avons décidé, avec votre prof d'audiovisuel, de travailler en commun afin que vous réalisiez un documentaire. Ce travail s'effectuera par groupes de trois élèves. Vous allez devoir reconstituer un arbre généalogique de la famille d'un des membres de votre équipe. Ce travail vous permettra de constituer votre dossier de fin d'année et vous le présenterez devant la classe à la fin du second semestre. C'est un exercice important qui vous permettra de valider votre option audiovisuel et comptera comme coefficient 2 en histoire-géographie !

Alia et Charlie échangèrent un clin d'œil complice.

— Bien évidemment qu'on va être ensemble, pas moyen que ce soit autrement !

— Afin qu'on n'y passe pas des heures dans la mesure où vous ne vous connaissez pas tous, j'ai

préparé les groupes moi-même...
Quelques voix s'élevèrent pour protester.
— ... Mais si vous voulez commencer l'année par deux heures de colle, je n'y vois pas d'inconvénient.
Le silence revint et le professeur commença à désigner les groupes.
— Le troisième groupe se compose de Charlie Dumont, Alia Sanchez...
Le cœur de Charlie fit un bond : ils étaient tous les deux.
— Yes ! murmura-t-il en levant le poing sous la table.
Un début de sourire étira ses lèvres.
— ... et John Vaji.
— Ah non, pas lui ! ne put se retenir Alia.
Elle aurait préféré n'importe qui d'autre que ce John et la grimace qu'elle afficha était à l'opposé du sourire de Charlie.

À la fin de la classe, Charlie fendit la foule qui se précipitait déjà vers la sortie pour attraper John par la manche.
— Hé ! Salut ! Moi, c'est Charlie !
— Salut, répondit John.
Un visage fin, des yeux en amande et une cicatrice juste au-dessus du sourcil gauche, il avait l'air plutôt sympa.
— Heu... Je sais pas si tu nous as repérés, mais on est dans le même groupe et euh... ce serait pas mal qu'on se voie vite pour commencer à travailler.
Du coin de l'œil, Charlie aperçut Alia qui s'était jetée

sur leur professeur.

— Monsieur, c'est possible de changer les groupes ?

— Désolé mademoiselle, ils sont constitués, je ne vais pas m'amuser à tout changer.

— Mais, c'est que...

Interrompant la discussion avec un grand sourire amusé, Charlie tira Alia vers eux.

— Non non, monsieur, ça ira finalement !

— Hé, mais... tenta Alia.

— Alors, on va chez qui ? la coupa son ami. John ? Chez toi, ça le fait ?

— Non, répondit John d'un ton sec.

Charlie eut un mouvement de recul et le fixa, surpris.

— Bon, OK.

— Enfin... se reprit John, comprenant qu'il n'avait pas été très aimable. J'habite loin... genre... loin quoi. Faut prendre un bus, c'est pas hyper pratique.

— Ah, d'accord. Alia ?

— Hors de question qu'il mette les pieds chez moi ! grommela-t-elle.

— Waouh, ça va être sympa de bosser dans cette ambiance ! s'exclama Charlie. Allez, relax. C'est dingue qu'un petit combat vous mette dans un tel état ! Je sais pourquoi je fais pas de sport, ajouta-t-il en caressant son ventre légèrement rebondi.

Un demi-sourire étira les lèvres de John et Alia secoua la tête.

— Bon, ben, puisqu'on n'a pas le choix, vous n'avez qu'à venir chez moi ! Mercredi, 14 heures.

— OK... marmonna Alia.

— Ça marche, répondit John en remontant son sac sur son épaule.
— Parfait, alors à deux-mains ! dit Charlie en secouant ses doigts.
John fila et Charlie se tourna vers Alia.
— Allez, arrête de faire cette tête. Ça va être cool, en plus il a l'air sympa.
— Ouais, on verra...
Les deux se regardèrent, puis Charlie tenta une grimace comique et réussit à faire sourire Alia.

II

Les trois jeunes restèrent un instant à contempler les lieux...

« Bienvenue dans mon humble demeure ! » lança Charlie avec emphase.

Il habitait une jolie maison dans un petit lotissement de banlieue. Dans son salon on trouvait un canapé un peu moche, un long buffet bas surmonté de photos de famille, une baie vitrée donnant sur un jardin avec une belle piscine, et une grande table en bois qui prenait la moitié de la pièce et autour de laquelle ils s'installèrent.

Une ambiance tendue régnait. Alia avait le même air contrarié qu'elle arborait depuis deux jours. John, gêné, ne parlait pas. Charlie, quant à lui, essayait tant bien que mal de lancer la conversation. Mais ni Alia ni John n'étaient réceptifs.

— Du coup, on prend la famille de qui ? La mienne est pas très intéressante, il n'y a que des Dumont sur vingt générations. Mis à part la découverte du seul nom de Kiki, son caniche, sur le testament de ma grand-mère, il n'y a jamais eu de fait notable dans mon arbre généalogique. Et vous ?

Alia et John croisèrent leurs regards qui restaient désespérément froids.

— Bien, bien, bien... Je sens que ça va être constructif tout ça, dit Charlie avec un air faussement découragé. Bon, je me propose d'aller chercher des biscuits ! Eux au moins ne seront pas aussi secs que vous.
Restés seuls, John et Alia laissèrent un long silence s'installer dans la pièce.
— Et toi alors, y'a quoi dans ta famille ? risqua le garçon.
Alia se contenta de croiser les bras.
— Perso, j'ai jamais connu mon père, dit John en essayant de briser à nouveau la glace. Enfin, pas beaucoup, quoi...
Alia releva les yeux et le regarda, ne sachant trop quoi dire.
— Et toi, tu le connais ton père ? insista John pour la troisième fois.
— Ouais, dit Alia en hochant la tête.
— Il est cool ?
— Si on veut, répondit Alia en haussant les épaules. C'est un père, quoi.
John avait l'impression de ramer à contre-courant, mais maintenant qu'il avait réussi à lui décrocher plus de deux mots, pas question de s'arrêter.
— Et sinon, t'as des grands-parents ?
Alia baissa les yeux sur la table.
— Ils sont morts, c'est ça ? dit John, essayant de capter son regard.
— Oui, répondit-elle sèchement.
— Ah... je... suis dé...
— J'ai grandi au Mexique avec toute ma famille. Tu

connais l'histoire de la mafia mexicaine ?

— Euh, oui... Enfin, pas trop. J'en ai entendu parler, quoi.

— C'est dans les années cinquante que la Eme est née. Mon grand-père en faisait partie et il y était haut placé...

— C'est quoi, la M ? l'interrompit John en frottant la cicatrice qui surlignait son sourcil gauche.

— La Eme, pas la M ! C'est un gang super puissant, la mafia mexicaine, quoi...

— C'est une blague, tu me fais marcher ?

— Non, mais mon papi était un homme bon, essaya de se défendre Alia. C'est juste que sa famille était en manque d'argent et que, tout jeune, il a dû aider financièrement ses parents. Malheureusement, il s'est rapidement retrouvé du mauvais côté et a commencé à trafiquer, jusqu'à monter un vrai commerce et devenir un membre éminent du cartel.

Au même moment, Charlie revint de la cuisine, des cookies à la main. Jetant un œil dans le salon, il constata que son plan avait marché : Alia et John se parlaient ! Il les rejoignit sans les interrompre et s'assit sur une chaise.

— Sur ses vieux jours, mon grand-père a décidé de se retirer pour se consacrer à sa famille, s'occuper de ses petits-enfants. Mais on ne quitte pas la Eme comme ça. Un des chefs de son gang l'a fait assassiner et mes parents ont fui en France.

— Moi j'ai quitté la Thaïlande à l'âge de six ans, dit soudain John comme pour empêcher un autre silence de s'installer. Tout s'est passé très vite, comme

si ça s'effondrait d'un coup, je ne sais pas pourquoi...
— Et t'en as jamais parlé avec tes parents ?
Charlie attrapa un biscuit.
— Non, ma mère ne veut rien me dire... Elle me parle jamais de ses problèmes.
— Et ton père, il dit quoi ? demanda Charlie qui n'avait pas entendu le début de l'histoire de John.
— Il ne dit rien, il est pas là.
— Comment ça se fait ?
— Je préfère... pas en parler.
— OK, dit Charlie, un peu interloqué. Si on veut avancer dans notre travail, il va quand même falloir qu'on se raconte deux-trois trucs.
John acquiesça de mauvaise grâce et poussa un profond soupir.

En écoutant l'histoire d'Alia...

John s'était rendu compte qu'il y avait des similarités avec ce qu'il avait vécu. Peut-être était-ce l'occasion de s'ouvrir un peu...
— En fait, je n'ai pas vraiment connu mon père. Il n'était pas souvent présent, partait beaucoup en voyage. Et ces voyages étaient longs. Je crois que son métier l'occupait trop.
— Il faisait quoi ? demanda Charlie.
— Il était consul de Thaïlande, s'occupait de nouer des liens entre la Thaïlande et la France. C'est pour ça qu'il n'était pas là. Mais il m'envoyait régulièrement des cadeaux, des lettres qui me promettaient

qu'il rentrerait bientôt... Et c'est vrai qu'il rentrait, mais il ne restait pas longtemps. Je me souviens que quand il était là, il nous couvrait, ma mère et moi, de câlins, de bisous et de mots gentils... Puis il repartait.

— Il était où quand vous êtes venus jusqu'ici ?

— Je suppose qu'il était en voyage... J'avoue que je sais pas. J'ai pas beaucoup de souvenirs de notre départ. J'étais petit. C'est allé très vite. Je me rappelle que c'était la nuit. Je me suis réveillé et j'ai entendu ma mère discuter avec un homme dans la cuisine. J'ai cru un moment que c'était mon père mais c'était Duang, un ami de mes parents... Il a aidé ma mère à faire nos bagages et nous a accompagnés jusqu'à l'aéroport...

— Vous avez gardé contact avec lui ? questionna Alia.

— Oui, il nous appelle de temps à autre.

— Eh ben, c'est triste, mais tu as fini par parler ! s'exclama Alia.

— Oh, Alia ! Toujours dans l'agressivité ! rigola Charlie. Nan sérieux, merci John de t'être ouvert à ce point.

— Mmmm... De rien... répondit John.

Dans le salon, malgré la tristesse de John...

L'atmosphère s'était détendue. On sentait même une certaine fébrilité et, plus ils y pensaient, plus Charlie et Alia s'intéressaient à l'histoire de John.

— Alors, on fait le projet d'arbre généalogique sur ta famille ?

— Et pourquoi pas celle d'Alia ? La mienne est pas très claire.

— Justement ! s'enthousiasma Alia. Je sais tout ce qu'il y a à savoir sur la mienne, ça va pas être drôle. La tienne est plus mystérieuse. On va t'aider à éclaircir toutes ces zones d'ombre.

— Oui, moi je suis d'accord, renchérit Charlie. Ça te dit ?

— Mouais...

— Sérieux, t'aimerais pas en savoir plus ?

— Mais grave ! On pourrait essayer de trouver ce que devient ton père ! Qui il est réellement !

— Moi, à ta place, je serais super curieux de creuser cette histoire.

— Écoutez, je sais pas trop...

— Ça te fait peur ?

Charlie et Alia regardèrent John qui baissa la tête. Il vivait avec cette absence depuis si longtemps !

— Je vous préviens, si ce silence dure, vous allez encore m'obliger à aller chercher des gâteaux.

John et Alia sourirent.

— Tu sais, y'a pas à avoir peur, c'est tout à fait normal. La vie c'est comme un match de boxe : il y aura toujours des adversaires à affronter, et si on se dérobe, comment trouver les réponses à nos questions ?

— C'est des réponses dont j'ai peur.

— Parce que tu te focalises sur le négatif, trancha Alia.

John soupira et, d'un air peu convaincu, hocha la tête à plusieurs reprises. Puis finalement il accepta que le projet se fasse sur sa famille.
Charlie et Alia lui promirent avec empressement de faire le maximum pour l'aider.
Ils se quittèrent, soulagés d'avoir trouvé leur sujet et pas mécontents d'être arrivés à travailler ensemble. Mais ils étaient conscients qu'un long travail de recherche les attendait.

III

Après un trajet en bus de trente-cinq minutes...

Ils arrivèrent enfin chez John. Celui-ci affichait un air pensif, légèrement anxieux. Ses cheveux bruns étaient ébouriffés et sa mèche cachait parfaitement sa cicatrice. Alia semblait aussi tendue que lui et les cernes marquant ses yeux trahissaient ses courtes nuits de gameuse. Charlie, toujours blagueur, la taquina :

— Alors, tu as passé la nuit à jouer à Fortnite ?

— Ouais, sourit Alia, le dernier niveau était super dur !

Après une courte hésitation, John ouvrit, laissant découvrir l'intérieur de sa belle maison qui avait de quoi rivaliser avec la demeure de Charlie. Tout aussi grande, mais bien mieux décorée, elle était parsemée d'objets et de souvenirs de Thaïlande.

Plus Alia et Charlie avançaient, ébahis, plus s'accumulaient statues du Bouddha, éléphants de toutes sortes, drapeaux et photos joliment encadrées. L'une d'entre elles, plus colorée que les autres, attira leur attention : ce devait être John beaucoup plus jeune, en tenue traditionnelle. Les deux adolescents essayaient tant bien que mal de voir tout ce qui meublait et ornait la maison, mais John marchait devant eux de façon précipitée.

Au fond d'un long corridor, ils parvinrent à la chambre de leur hôte. Ils s'installèrent à son bureau et entamèrent leurs recherches sur l'arbre généalogique de John.

L'écran de l'ordinateur, immense, occupait une bonne partie du bureau où se mêlaient affaires de classe, manettes de jeu et livres. Alia sourit en voyant un magazine consacré à Fortnite... Ils commencèrent par consulter quelques sites de généalogie français, mais durent se rendre à l'évidence : la famille Vaji n'avait jamais vécu sur le territoire avant l'arrivée de John et de sa mère. Aussi leur fallut-il se résoudre à chercher sur des sites thaïlandais. Mais à peine la première page ouverte, Charlie se prit la tête à deux mains.

— C'est quoi cette écriture ? T'arrives à lire ? s'exclama-t-il, impressionné.

— Oui, un peu. J'ai encore quelques rudiments de thaïlandais, hérités de mon enfance à Bangkok. Je peux arriver à traduire certains mots et expressions. Là, tu vois, il y a écrit « arbre ».

— On dirait une langue extra-terrestre écrite avec des nouilles ! s'exclama Charlie. Comment tu fais pour déchiffrer ?

Ils passèrent un long moment à naviguer de site en site, lançant des recherches, trouvant des noms qui se rapprochaient, des consonances voisines, mais rien sur les Vaji. Alia, dépitée, finit par se rencogner dans son fauteuil, bras croisés.

— C'est pas possible, John ! Ton père ne figure sur aucun de ces sites généalogiques ! Il est passé où ? interrogea-t-elle.

— Je vous l'ai dit, ça fait neuf ans que je l'ai pas vu, soupira John.

— Ça se peut pas une chose pareille ! lança Charlie. Il a quand même pas disparu. T'as vraiment aucune nouvelle de lui, même pas une lettre ou une carte postale ?

— Non, avoua John.

— Et ta mère ? interrogea Alia. Elle sait forcément quelque chose…

— Dès que je lui en parle, elle change de sujet ! s'emporta John.

— Tu te souviens pas de quelque chose au moment où vous êtes partis de Thaïlande qui pourrait nous mettre sur la piste ? intervint Charlie. Quelque chose qui appartenait à ton père et que ta mère aurait pris. Je ne sais pas… des papiers, des vêtements…

Soudain, une image apparut dans l'esprit de John. Il revit distinctement Duang, l'ami de ses parents, qui portait un bagage en direction de la voiture, puis qui le sortait du coffre pour le monter dans l'avion qui allait les emmener loin de Thaïlande.

— Si… murmura-t-il. Je me souviens d'une malle rouge…

— Quelle malle ? demanda Alia en se redressant.

— Je me rappelle : ma mère l'a prise au moment du départ. Maintenant que j'y pense, c'est bizarre vu qu'on a pris que le strict nécessaire : à peine deux valises... et ça ! Je me demande si elle n'y garde pas des affaires de mon père...

John se précipita dans une chambre à l'étage – sûrement celle de sa mère –, et Charlie et Alia l'entendirent fouiller. Restés assis dans la chambre, ils se regardèrent, incrédules.

— Tu crois qu'il est en train de tout ravager ? demanda Charlie.

— Ça m'en a bien l'air, répliqua Alia.

— C'était trop bizarre : même en cours de sport, il court pas aussi vite !

— Tu m'étonnes ! Il faudrait qu'il s'inscrive au marathon.

Lorsque John revint, il était essoufflé et dut prendre le temps de se calmer. Puis il s'exclama :

— Elle n'est pas dans la chambre de ma mère et je peux pas fouiller toute la maison tout seul. J'ai besoin de vous. Je suis sûr qu'il y a des choses importantes dans cette malle rouge.

— D'accord... À quoi ça va nous servir pour l'exposé ? lui demanda Alia, dubitative.

— C'est ce que je vous disais : à l'exception de quelques habits, cette malle est la seule chose que ma mère ait emportée en partant. Je suis sûr qu'elle appartenait à mon père !

— Alors on y va ! dit Charlie en se levant d'un bond. T'as une idée des endroits où elle peut être ?

— N'importe où ! s'exclama John.
— Bon, je me charge du garage et vous deux du grenier, ordonna Charlie en prenant les choses en main. Le premier qui trouve quelque chose crie !
— Allez ! Tu me suis ? lança John.
— Ouais ouais... marmonna Alia un peu à contrecœur.
Grimpant les marches quatre à quatre, ils ouvrirent la porte qui menait au grenier et commencèrent à gravir l'escalier en bois.
— Fais bien attention, il y a des planches très fragiles, prévint John.
— T'inquiète, lui répondit la jeune fille, sûre d'elle.

Ils cherchèrent un long moment, retournant les cartons, ouvrant les placards, déplaçant des piles d'objets et de valises qui s'étaient accumulés au fil des années, mais à part un bon paquet de poussière, ils ne trouvèrent rien.
Dépités, ils s'apprêtaient à redescendre quand Alia trébucha sur une planche et tomba.
— Aïe ! s'exclama-t-elle.
— Ça va ? Je t'avais dit de faire attention, s'inquiéta John en l'aidant à se relever.
— C'est bon, j'suis pas en sucre ! s'exclama Alia.
— Mais attends, regarde !
John souleva la planche qu'elle venait de déplacer dans sa chute.
— Ce ne serait pas ça qu'on cherche depuis tout à l'heure ?
— Oui, je crois bien ! exulta John. Attends, je vais

la sortir de là ! En tout cas, on dirait la malle rouge qu'on avait à Bangkok ! Ça y est, je la tiens ! Aide-moi dans l'escalier et appelle Charlie, qu'il nous rejoigne dans le salon !

— Ah, vous êtes là ! se réjouit Charlie une fois qu'il les eut rejoints. Vous en avez mis du temps ! Vous l'avez trouvée ? C'est super ! Allez, vite, on l'ouvre !

John fit sauter les loquets et souleva le couvercle. Une sorte de carnet trônait sur le reste des objets. C'était un livret de famille. Le garçon s'en saisit, avec Alia et Charlie penchés par-dessus son épaule. Le nom et le prénom de sa mère, écrits en français, y figuraient ainsi que ceux de son père, en thaïlandais.

— Robin, c'est le nom de ta mère ? demanda Alia.

— Oui, et comme tout le monde j'ai hérité de celui de mon père.

— Mais ça s'écrit comme ça, Vaji, en thaïlandais ? questionna Charlie. C'est super long, non ?

John fronçait tellement les sourcils que sa cicatrice formait comme un accent circonflexe au-dessus de son œil gauche.

— Non, dit-il dans un souffle. Là, il y a écrit Vajiralongkorn. Mais... c'est étrange... pourquoi mon nom de famille a-t-il été raccourci ?

Toutes les questions que John s'était toujours posées, toutes les hypothèses qu'il avait échafaudées sur la véritable raison de leur départ précipité tourbillonnaient dans sa tête. Pourquoi ne portait-il pas le vrai nom de son père ? Ils tournèrent fébrilement les pages du livret et finirent par découvrir un acte de naissance sur lequel une photo était agrafée.

— C'est lui ! s'exclama John. C'est mon père !

Il l'avait reconnu malgré le peu de temps passé en sa compagnie. À l'arrière-plan se trouvait une ville typique du Nord de la Thaïlande, Lampang, la ville dans laquelle il avait grandi.

— Peut-être qu'on devrait taper ton nom de famille sur Internet, tu ne crois pas ? proposa Charlie. Le nom complet de ton père, je veux dire, pas le tien raccourci !

— T'as raison, répondit John, ça nous aidera.

Face à la première réponse qui s'afficha, les trois adolescents restèrent interdits.

— C'est... c'est le nom de la... dynastie royale thaïlandaise ? bredouilla Charlie.

— Rama X !? s'écria John.

— Apparemment c'est le nouveau roi, dit Alia tout en lisant les informations le plus vite possible.

— Le roi précédent est décédé en 2016, il y a eu des coups d'État, le futur roi a manigancé pour accéder au pouvoir, lut Charlie.

— C'est fou, le nouveau roi est détesté de tous, remarqua Alia.

— Attendez, c'est pas fini, regardez ! Les élections législatives ont eu lieu le 24 mars 2019, avec l'accession au trône de Rama X, rajouta Charlie.

— Il y a eu aussi de nombreuses fraudes électorales.

— Mais toujours rien sur mon père, fit remarquer John. Quel lien tout ça peut-il avoir avec lui ?

— Peut-être qu'on aurait plus de renseignements à l'ambassade à Paris, proposa Alia.

— Ouais, t'as raison, répondit Charlie.

Ils se rendirent sur le site Internet de l'ambassade royale de Thaïlande.

— L'ambassade est dans le VIIIe arrondissement.

Alia nota l'adresse sur son portable et, affalés dans leurs sièges, les trois adolescents laissèrent passer un long silence. Ils savaient à présent où chercher. Mais tout ça leur paraissait tellement surréaliste… La famille royale, vraiment ? La disparition du père de John était-elle liée à son travail ? Était-ce plus profond que ça ?

Continuant de fouiller la malle, John finit par exhumer un courrier adressé à son père. Celui-ci portait un blason qu'ils avaient déjà vu sur différents documents.

— Hé ! C'est le sceau de la famille royale.

— Ton père était consul, rien de plus normal, essaya Charlie.

— Ou… ouais, bégaya John, debout devant la malle ouverte. Vous croyez que mon père aurait pu appartenir à la famille royale ?

IV

Après une heure de train...

Charlie, qui avait dormi durant tout le trajet, se réveilla déboussolé, regarda par la fenêtre et vit un panneau avec une inscription : *Gare du Nord.*
— On est déjà arrivés ? demanda-t-il en se tournant vers ses trois camarades.
John et Alia explosèrent de rire devant la tête chiffonnée de leur ami.
— Allez, rien de tel qu'une bonne balade dans les rues de Paris pour se réveiller !
L'ambassade de Thaïlande se trouvait loin de la gare, mais ils décidèrent d'en profiter pour marcher, même si Google Maps leur indiquait qu'ils en avaient pour une heure et demie avant d'atteindre leur objectif.
Les rues s'étiraient à n'en plus finir, dévoilant de grands immeubles et des boulevards au milieu desquels on aurait installé trois fois la maison de John. Ça les changeait de leur banlieue et ça faisait du bien.
Ils arrivèrent enfin, les pieds et les jambes usés, mais maintenant que leur but était tout près, l'excitation les gagnait. En particulier John.
Typique de l'architecture haussmannienne, le

bâtiment était impressionnant. Pourvu d'une grande porte cochère en bois et de hautes fenêtres, il s'élevait sur au moins 10 mètres de haut. Les drapeaux français et thaïlandais flottaient au balcon et des gardes étaient en faction devant l'entrée.

À l'intérieur, les trois amis furent émerveillés : des papiers peints orientaux ornaient les murs, des plantes envahissaient la pièce et, levant la tête, ils purent admirer une splendide verrière colorée. S'arrachant à leur contemplation, ils s'approchèrent d'un bureau derrière lequel une dame en uniforme se tenait debout.

— *ยินดีต้อนรับ*, dit la dame en souriant.

— Ça veut dire « bienvenue »... chuchota John à ses amis.

— Bonjour madame, répondit Alia, nous cherchons des renseignements.

— À quel sujet ? demanda l'hôtesse.

— Désolé, dit Charlie en baissant la voix, c'est top secret, si vous voyez ce que je veux dire...

Alia lui donna un coup de coude.

— Excusez-le madame, il est impressionné. En fait, nous faisons des recherches dans le cadre d'un projet d'école.

— Hein ? Non, non, c'est de la plus haute importance ! rétorqua Charlie, vexé.

La dame esquissa un sourire.

— Je peux vous donner un rendez-vous avec un diplomate, suggéra-t-elle.

— Parfait, s'empressa John, où est son bureau ?

— Doucement les enfants, cela ne se passe pas comme cela, ici. Vous êtes en territoire thaïlandais. Il vous faut des autorisations, mais je dois pouvoir vous obtenir un rendez-vous dans une semaine.
— Nous ne voudrions pas abuser de votre gentillesse, mais nous aurions besoin de ce rendez-vous le plus vite possible, tenta Charlie.
— Eh bien, voyez-vous, il faut prendre rendez-vous à l'avance !
— Il n'y a vraiment aucun autre moyen ? supplia John.
— Je suis désolée les enfants, concéda l'hôtesse avec sincérité.
À ce moment, le téléphone sur le bureau sonna.
— Bonjour, bienvenue à l'ambassade de Thaïlande, répondit l'hôtesse, que puis-je pour votre service ?
Elle se pencha sur un gros agenda relié de cuir noir et tourna rapidement les pages.
— Hmm hmm… Oui, tout à fait. Le rendez-vous de 14 heures, c'est bien ça ? Très bien, c'est fait ! Bonne journée.
L'hôtesse raccrocha et se tourna vers les adolescents avec un large sourire.
— C'est votre jour de chance ! Le rendez-vous d'une diplomate vient de se libérer. Je vous emmène, suivez-moi !
Ils prirent un ascenseur puis déambulèrent le long de couloirs sans fin pour arriver dans une pièce dont les murs étaient couverts de livres et dont la grande baie vitrée donnait sur Paris. Derrière un somptueux bureau de bois ouvragé, une femme

d'un certain âge gardait les yeux braqués sur John.

— Je vous en prie, asseyez-vous, dit la diplomate.

— Merci madame, répondirent les trois adolescents en prenant place avec précaution sur les beaux fauteuils en teck.

— Votre requête est bien inhabituelle, commença la femme, et je n'ai pas l'habitude d'accepter de tels rendez-vous.

— Je m'appelle Jo...

— Je sais très bien qui tu es, le coupa-t-elle.

— Vous savez qui je suis ? s'étonna John en ouvrant de grands yeux.

— À vrai dire, je connaissais ton père, nous étions très proches. Un homme honorable... Et tu lui ressembles. Je vous ai vus arriver sur les caméras de surveillance et j'ai demandé à faire annuler mon rendez-vous pour vous recevoir.

— Justement, nous sommes ici pour avoir des réponses, madame, intervint Charlie.

— Appelez-moi Marion. Je suppose que vous voulez des réponses sur sa disparition ?

— Oui, et aussi sur son travail. Enfin, vous comprenez... sur tout ce qu'il faisait.

— Ton père était un homme secret, John, c'était...

— Non mais attendez ! la coupa Alia qui bouillait. Il a bien dû dire quelque chose à quelqu'un, non ? Je veux dire... Quelqu'un qui disparaît de cette façon du jour au lendemain, ça se remarque ! Il y a bien eu des enquêtes de police ? Ou alors peut-être qu'aucune enquête n'a eu lieu car cela arrangeait certaines personnes ? Vous ne croyez pas ?

La diplomate hésita longuement puis se lança :
— Eh bien, ton père John travaillait dans un service très proche de la famille royale, mais ce n'était pas son seul lien avec la monarchie. Écoute John, ton père nous a fait jurer de ne pas te le dire, il voulait à tout prix vous protéger, toi et ta mère, mais maintenant tu as le droit de savoir. Tu es assez grand pour comprendre. Ton père est...
— Un descendant de la famille royale, dit John en interrompant la diplomate.
Un silence pesant s'installa dans la salle. La diplomate regarda John droit dans les yeux.
— Comment le sais-tu ?
— Mes amis et moi avons trouvé une malle avec un tas de papiers officiels, des notes et des lettres. Il y avait l'acte de naissance de mon père, nous n'étions pas tout à fait sûrs mais nos suppositions étaient exactes, n'est-ce pas ?
— Ah, il a donc gardé des preuves... murmura la diplomate, visiblement soulagée. Vous ne réalisez pas à quel point votre découverte représente un nouvel espoir !
— Quoi ? Cette malle ? demanda Charlie, interloqué.
— Oui, ton père John faisait partie d'une organisation secrète à laquelle j'appartenais également, et dont le but était de récolter des preuves de corruption au sein de la famille royale. Nous avions fini par en amasser un certain nombre et il les conservait en sécurité. Les preuves ont disparu en même temps que lui et nous étions convaincus qu'elles avaient été détruites.

— Mon père ? Dans une organisation secrète ?
— Le roi a tenté de soudoyer ton père...
— De le corrompre ? Mais pour quoi faire ?
— Pour qu'il renonce à monter sur le trône.
— Quoi ? Mon père était le prochain... le prochain roi de Thaïlande ? Vous vous moquez de moi ???
Charlie et Alia, sidérés par ces révélations, se tournèrent vers John qui avait pâli.
— Oui, reprit Marion, mais il a toujours refusé le trône car il ne se sentait pas lié à cette famille et à ses malversations. Il a donc décidé de rassembler des opposants au régime de la Thaïlande : des philosophes, des historiens, des écrivains, des politiques aussi. Je faisais partie de ce mouvement, je l'ai aidé à trouver des preuves. Nous étions sur le point de les révéler au grand jour lorsqu'il a disparu.
La diplomate laissa son regard errer sur les toits de Paris, perdue dans ses souvenirs. Au bout d'un long silence, elle reprit enfin en se retournant vers les adolescents :
— Et les preuves se sont volatilisées en même temps que lui. C'est maintenant à toi, John, de finir son travail, d'achever l'œuvre de ton père.

Le mardi suivant...

En l'absence de leur prof de littérature, les amis décidèrent de reprendre leurs recherches et ils se retrouvèrent chez John. Alors que, dans sa chambre, ils essayaient de mettre de l'ordre dans les derniers

événements, le téléphone sonna. John décrocha.
— Allô ?
— Allô ! Je suis bien chez Anne Robin ? demanda une voix d'homme.
— Oui, je suis John, son fils. Mais qui êtes-vous ? répondit John, à qui il semblait reconnaître une voix familière.
— John ? Ah, mon garçon, voilà si longtemps qu'on ne s'est pas parlé !
— Duang ! C'est bien toi, l'ami de mon père ? s'exclama John.
— Eh oui. Comment vas-tu depuis tout ce temps ?
— Heu... Ça va, ça va, répondit John, déboussolé.
— Mais pourquoi est-ce toi qui décroches ? Tu n'es pas en cours ? Ta mère n'est pas là ?
— Non. Comment tu sais que j'ai cours d'habitude ? demanda John, suspicieux.
— Heu... On est en milieu de semaine, je suis étonné, c'est tout. Écoute, je rappellerai plus tard.
— Non, non ! Attends ! Puisque je t'ai au téléphone, tu pourrais peut-être me répondre... Tu sais... sur ce qui s'est passé cette nuit-là... quand on a quitté la Thaïlande... murmura John, la voix cassée par le stress.
Après un silence qui sembla interminable au jeune garçon, Duang répondit :
— Mmh... Je ne suis pas sûr d'avoir le temps.
— S'il te plaît ! supplia John. Dis-moi au moins pourquoi mon père n'a pas accédé au trône.
Un nouveau silence se prolongea. Si long que John crut que Duang avait raccroché. Puis de nouveau sa

voix retentit :
— Comment sais-tu pour ton père ?
— J'ai fait des recherches et Marion me l'a confirmé.
— Tu connais Marion ?!?
— Oui, et elle m'a aussi parlé de l'organisation secrète. Tu en faisais partie, n'est-ce pas ?
— John, tu sembles connaître plus de choses que je ne le pensais. Je ne sais pas comment tu t'es débrouillé pour avoir ces informations, mais je crois que le temps des secrets est fini, soupira Duang.
John mit le téléphone sur haut-parleur et s'assit, entouré de ses amis qui, jusque-là, n'avaient entendu qu'une partie de la conversation.
— Tu as raison, John, ton père appartenait à la famille royale, ce qui lui a valu bien des déboires. En clair, chaque jour qui le rapprochait du couronnement, il subissait toutes sortes de pressions et tentatives de corruption pour le faire renoncer à son rang dans la descendance royale, expliqua Duang.
— Mais comment en sommes-nous arrivés à fuir la Thaïlande ? Marion n'a pas voulu me le dire. Mais toi tu le sais, parce que... c'est toi qui es venu nous chercher à la maison à Bangkok.
— Ton père n'aurait jamais accepté le genre d'offres que lui proposait la famille royale. Quand il a reçu des menaces de mort, il a décidé que toi et ta mère partiriez pour la France. Il avait recueilli nombre de preuves, et c'est ta mère, à sa demande, qui les a rassemblées dans une malle lorsque vous vous êtes enfuis. Il avait peur que les auteurs de ces menaces ne finissent par s'en prendre à vous pour faire pression

sur lui. Pourquoi crois-tu que tes parents ont changé ton nom à ta naissance ? Ils ne voulaient pas que quiconque se serve de toi.

— OK... Minute ! Pourquoi tu parles de mon père au passé ? Qu'est-ce qui lui est arrivé après notre départ ? Il est en sécurité, maintenant ?

Au fond de lui John connaissait la réponse, mais comment l'accepter ?

— Quelqu'un vient, je ne peux pas... Il faut que je raccroche...

— Non ! Réponds-moi ! Est-ce qu'il va bien ?

— Tu n'as pas de souci à te faire, tu es en sécurité...

— Réponds-moi !

Un long silence s'ensuivit, puis la tonalité du téléphone indiqua à John que Duang avait coupé.

Sous le choc des révélations de Duang, les amis regardèrent le téléphone sonner dans le vide. Personne ne bougeait.

— Donc, si on résume, lança Alia d'une voix peu assurée, ton père et un groupe d'opposants au régime font partie d'une organisation secrète qui veut faire tomber la famille royale... la famille royale de Thaïlande. Je suis la seule que ça choque ?

— Non mais c'est du sérieux, quand même ! On se croirait dans un film d'espionnage !!

— Tais-toi Charlie, tu nous aides pas, là ! le coupa sèchement Alia. Hé John, ça va ? T'es tout blanc !

— Qu'est-ce que Duang me cache ? murmura John, livide.

— Écoute, dit d'une voix apaisante Alia, l'important est de finir ce que ton père a commencé.

Maintenant, autant aller jusqu'au bout ! Je suis sûre que les preuves sont quelque part dans la malle. Ton père était visiblement quelqu'un de très intelligent, il a dû les cacher en sûreté.

— Tu as certainement raison, soupira John, toujours sous le choc.

— Mais on cherche quoi, en fait ? Si au moins on le savait, ça serait plus facile, dit Charlie en désignant les monceaux de papiers en thaïlandais qui s'empilaient.

— J'étais convaincu qu'ils étaient là-dedans... mais rien. J'ai tout vidé, tout épluché depuis ce week-end, j'y ai passé des heures, je n'ai rien trouvé.

— Mais oui !!!! hurla Charlie en se levant précipitamment et en se ruant vers la malle.

— Ça va pas ? Qu'est-ce qui te prend ? s'écria Alia. Tu fais quoi au juste, là ? On a tout ouvert, tout regardé.

— Faites-moi confiance, j'ai vu ça dans les films.

— Oh, toi et tes films d'espionnage...

Charlie retira chaque objet de la malle tout en faisant attention de ne rien abîmer. Puis il tâta le fond.

— J'y crois pas ! J'ai raison ! Vite, John, passe-moi des ciseaux, un couteau ou un cutter, n'importe quoi, un truc pointu qui coupe, quoi !

— Quoi ? Mais à quoi tu joues, là ?

— Faites-moi confiance, je vous ai dit.

John tendit un coupe-papier ouvragé posé sur son bureau. Avec, Charlie dessina un rectangle au fond de la malle. Puis, délicatement, découpa le tissu et le souleva.

— Un double fond, évidemment ! s'exclama Charlie.

Vous me croyez jamais !

— Charlie, t'es un génie ! railla Alia.

Au sourire qu'arborait Charlie, les deux adolescents comprirent que leur ami avait fait une découverte.

— Tada ! Et voilà !

Charlie ouvrit la main, laissant apparaître une clé USB.

— Waouh…

John inséra la clé dans son ordinateur. Aussitôt, une page s'ouvrit et des lignes de caractères verts sur fond noir apparurent.

— Hein !? Mais ça veut rien dire ! s'exclama Alia.

— Bah merci, Sherlock, répondit Charlie.

Il s'installa au bureau et ses doigts s'agitèrent sur le clavier, si vite que même Alia, qui était pourtant une gameuse hors pair, avait du mal à le suivre. Grâce à ses manœuvres, un dossier nommé « Informations confidentielles » apparut à l'écran. Le jeune homme l'ouvrit et des listes de pièces jointes, de noms, de photos s'affichèrent.

— Alors c'est qui le génie, hein ? s'exclama-t-il, pas peu fier d'avoir prouvé son habileté en informatique.

John lui prit la souris des mains et cliqua sur les documents. Ils étaient tous en thaïlandais, mais les titres n'étaient pas compliqués à comprendre. Il ouvrit un fichier nommé « Comptes » et les adolescents virent apparaître des colonnes de transactions financières entre différents individus, parmi lesquels un nom qu'ils avaient rencontré à plusieurs reprises : Vajiralongkorn !

— Oui, c'est bon, tout y est ! On y est arrivés !

— Je ne sais pas à quoi vous êtes arrivés, mais en tout cas ça vous met de bonne humeur !

Ils se retournèrent vers la mère de John qui venait d'entrer dans la pièce. Son apparition calma aussitôt l'exubérance du trio.

— Maman, il faut que je te parle, dit John d'une voix grave en la prenant par la main pour la conduire au canapé du salon. On a... on a découvert quelque chose. Tu sais, la nuit où Duang est venu nous chercher à Bangkok...

Alia et Charlie regardèrent leur ami et, laissant le fils et la mère dans l'intimité d'une conversation douloureuse, allèrent se rafraîchir dans la cuisine.

Quand John et sa mère leur demandèrent de les rejoindre, Alia et Charlie les trouvèrent côte à côte, les mains enlacées, les yeux rougis.

Anne, avec un sourire triste mais bienveillant, les invita à s'asseoir et leur dit :

— Vous aviez vu juste, les enfants, vous avez été vraiment extraordinaires. Votre perspicacité vous a permis de trouver cette clé. Quand je pense que, durant toutes ces années, la preuve tant cherchée était sous mes yeux... Je ne sais comment vous remercier.

Alia et Charlie se regardèrent, gênés. La question fatidique leur brûlait les lèvres...

Alia se lança enfin et, timidement, demanda :

— Alors... ton père...

John, dans un soupir déchiré, lui répondit :

— C'est fini, je ne le reverrai plus. Il est mort...

ÉPILOGUE

C'est la fin de l'année scolaire. Les trois amis fêtent l'arrivée des grandes vacances autour d'un pique-nique. Alors qu'ils entament le dessert, Alia brandit son trophée.

— Célébrons notre victoire !

— Ouais, je suis fier de nous ! proclame John. On a fini champions académiques, c'est pas rien !

— Sans compter l'excellente note qu'on a eue à notre exposé, renchérit Charlie.

— C'est clair ! On a tout déchiré cette année ! commente John en passant son bras autour des épaules d'Alia.

— Ça a l'air d'aller mieux, tous les deux... ironise Charlie.

— C'est bon, lâche-nous, grogne Alia en repoussant son ami d'un coup dans l'épaule.

— Hé, t'es addict ! ricane Charlie qui se frotte l'épaule en grimaçant.

— Stop ! On arrête. Je vous rappelle qu'on part dans deux jours.

— Tu as raison, John. Allez, on fait le point. Charlie, t'as bien les billets ? John, les papiers, c'est OK ? Moi j'ai eu la confirmation, tout est prêt sur place.

— OK ! Départ vendredi à 15 heures, et soyez pas en retard ! Bon, ben... je vous laisse tous les deux ! leur lance Charlie en filant pour éviter un nouveau coup de la championne.

Samedi, 8 h 55 heure locale. Alors qu'ils débarquent sur le tarmac de Don Muang, l'air brûlant est déjà moite. Duang vient à leur rencontre, un sourire accueillant et empreint de gravité sur le visage. « Bienvenue chez toi, John, dit-il en lui prenant les mains. Anne, je suis heureux de te revoir. Venez tous les quatre, vous devez être fatigués, la voiture officielle vous attend pour vous conduire à l'hôtel. Vous pourrez vous reposer un peu, mais n'oubliez pas que vous êtes attendus. »

Ces deux heures de pause ont fait le plus grand bien à Alia, Charlie, John et sa mère qui ont rejoint Duang dans le hall de l'hôtel, payé, comme le voyage, par l'ambassade de Thaïlande. Ils sont prêts pour la suite. Durant tout le trajet, les trois adolescents scrutent émerveillés le paysage à travers les vitres teintées de la limousine.
Lorsqu'elle s'immobilise, un garde du corps ouvre la portière arrière et un murmure s'élève. Très intimidé, John sort et voit les gens massés à l'entrée du temple pour l'accueillir. Impressionné, il s'avance, les jambes tremblantes, vers les invités revêtus de sarongs traditionnels aux couleurs chamarrées. Il se retourne vers la voiture d'où s'extirpent ses amis et sa mère, tout aussi émus.
Duang s'avance à leur rencontre.
— Suivez-moi, dit-il, la cérémonie va bientôt commencer. Tu vas pouvoir rendre hommage à ton père,

John. Mais avant, je dois vous présenter quelqu'un. Vous pouvez venir aussi, dit-il à Alia et Charlie qui n'en mènent pas large.
Le petit groupe guidé par Duang se dirige vers l'intérieur du temple. Se tenant à l'écart du gigantesque Bouddha doré, dans un coin obscur, deux hommes et une femme que rien ne distingue des autres invités semblent les attendre.
— C'est son fils, leur murmure Duang d'un air entendu.
John comprend alors.
— Ce sont eux ?
— Oui, acquiescent les trois membres de la société secrète.
John met la main dans sa poche, la ressort, la tend vers eux et leur dit :
— Tenez, je crois que cela vous sera utile.
La femme prend cérémonieusement la clé USB.
— Votre père serait fier de vous.
— Je n'y serais jamais arrivé tout seul, répond John en présentant Charlie et Alia.
— C'est vous, les membres de la société secrète ? s'enhardit Charlie. Mais alors, le chef, c'était le père de John ?
— L'identité de notre chef doit rester secrète pour assurer la survie de notre société.
Les trois amis se regardent, complices... Sur eux plane l'ombre du père.

Remerciements :

Martine Zapata-Arricau, principale du collège
Ann Cachot, principale adjointe du collège
Israf Khamari, CPE en charge des classes de 3e

Jules Bernard, Ibrahima Camara, Martin Charpentier, Éléonore Delbary, Macki Diallo, Darius Dorin, Esther Frisch, Fanny Fu, Élias Gayon, Lila Grumel, Yassir H'midi, Moussa Keita, Alexis Kouné, Alban Luzaic-Maccaglia, Oïda Mahema-Mbelu, Sonia Mana, Cléa Menget, Sara Mesquita-Tavares, Bintou Minthé, Daniela Pereira-Dias, Margot Pilo, Oumnya Radwan, Baptiste Rascle, Axel Rogoff, Withney Tagnon, Wahib Tlili

De la classe de 3e 2
Collège Saint-Exupéry (Paris – XIVe arrondissement)

***Illustrations :** Margot Pilo, Daniela Pereira-Dias et Darius Dorin*

Enseignante :
Marie-Hélène Lafon, professeure de lettres classiques

Avec le parrainage de Fabienne Jacob, autrice

NEIGE ROUGE

Roman collectif

1. KARIM

Si seulement les parents étaient là ! Eux, au moins, sauraient comment sortir de ce pétrin. En dix ans de montagne avec eux, jamais un problème. Alexandre et moi, on a tout appris, tout grimpé, jusqu'au mont Blanc, il y a deux ans, sans avoir jamais eu le sentiment d'être en danger. Quand je pense qu'il y a cinq jours, j'étais fou de joie à l'idée de repasser la barre des 4 000 mètres avec mon frère, et cette fois du côté italien, le plus beau et le plus difficile... Les parents nous l'avaient promis, c'était le cadeau de nos dix-huit ans, et sans leur accident de voiture, ils seraient avec nous. Ils doivent être morts d'inquiétude.
Jamais je n'aurais imaginé me retrouver dans une situation pareille : arrêtés à seulement 2 800 mètres d'altitude ! Et sans téléphone, depuis cinq jours. Je me rappelle encore mes onze ans, l'entrée en sixième, et avoir reçu le vieil iPhone 4 de mon père en cadeau d'anniversaire sous le regard jaloux d'Alex. Sauf que lui, son couteau suisse, sept ans après, il peut encore l'utiliser, tandis que mon iPhone 12 il est complètement mort et je ne peux même pas m'en servir pour couper du saucisson.
Encore faudrait-il en avoir, du saucisson ! Nos provisions étaient calculées pour deux jours, minimum syndical pour alléger les sacs. Un jour pour monter au Margherita, le plus haut refuge d'Europe, 4 554

mètres, perché sur une arête du mont Rose, une journée pour redescendre vers Aoste. Le plan parfait. Sauf qu'on ne peut pas prévoir les catastrophes et surtout pas une tempête pareille début octobre. Elle est arrivée du côté suisse, il aurait fallu rebrousser chemin en vitesse, mais Fabrice en a décidé autrement... Sur le glacier, dans une cordée, c'est le guide qui commande. Il se souvenait vaguement d'un grand chalet sur le versant italien, un de ses collègues lui en avait parlé, et nous l'avons suivi...

— Karim, tu dors ?
— Non entre, Mia ! Je réfléchissais, je me repassais le film, la tempête, le chaos, l'arrivée ici, au chalet... C'est long, cinq jours.
Mia reste un moment adossée à la porte qu'elle a refermée. Ses longs cheveux bruns sont lâchés sur ses épaules. Elle a une voix très douce, je ne m'en étais pas encore rendu compte.
— Oui, c'est long, j'en ai marre. Figure-toi que tout à l'heure je cherchais du réseau et j'ai exploré tout l'étage. J'ai parcouru chaque couloir, ils sont interminables, les trois, et au bout du dernier, d'un seul coup, j'ai eu une barre de réseau. J'étais devant une porte en bois, comme celle-là, mais la poignée et la serrure étaient neuves, en acier gris, équipées d'un clavier numérique. J'ai frappé, rien, personne n'a répondu, mais je suis persuadée qu'il y avait quelqu'un, une présence. Je n'étais pas très à l'aise, ni trop rassurée, seule dans cette baraque gigantesque, au bout d'un couloir mal éclairé, avec ma

barre de réseau inutile...

— Tu en as parlé à ta mère ? lancé-je, brusquement réveillé.

Je me lève, me rechausse rapidement et glisse mon téléphone dans ma poche.

— Ma mère, elle discute avec Fabrice, elle avait besoin de s'expliquer avec lui et je crois qu'il vaut mieux ne pas les déranger.

— Tu veux qu'on y retourne ?

2. FABRICE

Je suis pas à la hauteur, j'aurais jamais dû prendre la tête de cette cordée, c'était trop de responsabilités, je me suis planté, Nathalie a raison ! Mais qui aurait pu prévoir tant de neige en aussi peu de temps, le 4 octobre et à seulement 3 200 mètres d'altitude ? Les deux gars, Karim et Alexandre, je les sens pas, avec leurs têtes de métèques et leurs grands airs, comme s'ils en savaient plus que moi, ils me font pas confiance et moi non plus, ils sont pas nets. Pourtant je le connais comme ma poche, le versant italien, et le type qui m'a parlé du chalet est fiable. D'ailleurs on a fini par le trouver, en redescendant un peu, cet étrange chalet perché et paumé, et ça nous a quand même sauvé la vie. Voilà ce que j'aurais dû lui dire à Nathalie, mais je n'ai pas pu en placer une, je fais pas le poids ! Elle m'a enfoncé encore davantage quand je lui ai raconté ce que j'ai fait hier matin. J'ai pourtant pris des risques en allant tâter seul le terrain. Après de telles avalanches, le paysage est devenu méconnaissable. Impossible de se repérer. Le chalet est entouré d'une neige si profonde et si instable qu'il est inimaginable de s'en échapper pour aller chercher du secours. Ça nous avancerait à rien si je me retrouvais coincé au fond d'une crevasse. Ça ferait toujours une bouche de moins à nourrir ici... parce que si ça continue comme ça, on va crever de faim. Qui viendrait nous chercher ? Même un hélicoptère ne s'y risquerait pas. Le plus urgent, c'est la nourriture. Demain soir on se couchera le ventre vide. La solution, c'est forcément X. Il vit en autarcie avec ses deux dogues allemands qui ont un poil resplendissant. Il a certainement des réserves et il ne pourra pas refuser de nous aider même si son sens de l'accueil laisse à désirer. Il faut que j'aille lui parler, mais reste à le trouver, dans cette sacrée baraque pleine de flingues. C'est plus une maison, c'est une armurerie ! J'en ai déjà vu cinq sur des râteliers dans le couloir du premier étage... Je crois que j'entends les chiens aboyer, j'y vais !

3. MIA

— Maman, tu l'as pas complètement achevé, Fabrice, quand même, j'espère ?

— Il fait ce qu'il peut mais je crois qu'il est cuit, lança Nathalie avec un sourire narquois. Je me demande comment j'ai pu faire confiance à ce type.

Nathalie se tenait debout près de la fenêtre et tapotait nerveusement le dossier d'un vieux fauteuil en velours rouge fatigué. Derrière elle le crépuscule envahissait peu à peu un paysage immense et glacial. Des sommets pointus se dressaient contre le ciel étoilé. À perte de vue la neige, la neige, la neige !

Nathalie reprit la parole :

— En tout cas, nous ne pouvons pas compter sur lui pour nous sortir d'ici. Si seulement on avait du réseau !

— Justement, je sais où en trouver, du réseau, au moins une barre, c'est mieux que rien, ça donne de l'espoir. J'ai trouvé ça toute seule, un peu par hasard, mais j'y suis retournée avec Karim et on peut te montrer où c'est. Ça doit être l'appartement de X., et d'ailleurs je viens de voir Fabrice en train de discuter avec lui. Ils avaient l'air drôlement énervés et j'ai même entendu les chiens grogner.

— Bravo, ma fille ! J'te reconnais bien là, tu te laisses pas abattre ! Faut absolument que je parle à X., il peut pas nous laisser sans rien à manger, et en plus

il commence à faire froid ici, les radiateurs sont à peine tièdes.
— Demande-lui aussi s'il aurait pas de quoi lire ! J'en peux plus, j'suis en manque, j'avais juste emporté un petit bouquin de rien du tout.
Une fois sa mère sortie, Mia s'allongea sur son lit, ouvrit *L'Homme qui plantait des arbres* de Jean Giono et s'efforça de fixer son attention. « *À cinq heures de marche de là, je n'avais toujours pas trouvé d'eau et rien ne pouvait me donner l'espoir d'en trouver...* » Ses yeux glissaient sur les mots sans les comprendre, les lignes se confondaient, son esprit divaguait entre angoisse et trouble. Elle ferma les paupières, son livre lui échappa des mains et elle se mit à penser au regard brun de Karim posé sur elle, à ses cheveux bouclés, à sa silhouette élancée, à la douceur de sa voix et à son accent du Périgord.

4. TOUS

À la nuit tombée, tous se retrouvèrent dans une pièce immense et luxueuse, très inhabituelle à une telle altitude, qui semblait être la salle à manger de X. Mia, assise entre Alexandre et Karim, en face de sa mère, laissait flotter son regard sur les nombreux trophées de chasse, cerfs et sangliers, accrochés au mur. Un feu vif brûlait dans une vaste cheminée en marbre noir veiné de brun. Des peaux d'ours étaient étalées sur le parquet et Mia ne résista pas à la tentation de se déchausser sous la table pour enfoncer ses orteils dans la fourrure épaisse et soyeuse. Fabrice, fébrile, ne pouvait pas détourner son regard de la carabine 22 long rifle suspendue au-dessus du manteau de la cheminée. *Et de six !* se disait-il, chamboulé. De l'autre côté de la table, Nathalie expliquait posément à X. qu'il devait partager ses réserves de nourriture avec eux mais Mia ne l'écoutait pas. Son attention était détournée par les rayons surchargés de livres d'une bibliothèque qui garnissait un mur de la pièce et surtout par la proximité de Karim. Alexandre, son jumeau, ressentait leur émotion et laissait échapper de temps à autre un bref ricanement tout en lançant sur eux des regards furtifs. À l'extrémité de la longue table rectangulaire, X. se taisait, son regard implacable posé sur Nathalie, et, derrière lui, ses deux dogues allemands étaient tranquillement étendus sur les peaux de bêtes. Quand X. prit enfin la parole, les deux chiens se redressèrent pour venir encadrer leur maître.

« Chère madame, n'oubliez pas que, sans moi, à cette heure-ci, vous seriez tous morts, et que vous êtes ici chez moi où j'entends faire les choses à ma façon. Pourquoi devrais-je sacrifier une partie de mes précieuses réserves pour de parfaits inconnus ? Il n'est pas donné à tout le monde de s'aventurer à de telles altitudes ! Et la haute montagne ne souffre pas la médiocrité ! Vous en faites vous-même, chère madame, et vous jeunes gens, et vous jeune homme, la cruelle expérience. »

Il avait insisté sur le mot « jeune homme » avec un rictus méprisant, et Fabrice se liquéfia littéralement sur sa chaise.

Depuis que X. avait pris la parole, Nathalie, qui le fixait intensément, ne pouvait se départir d'une sensation de déjà-vu. Ce regard singulier, ce sourire qui n'en était pas un lui rappelaient un souvenir désagréable qu'elle n'arrivait pas à identifier.

Même Mia, Karim et Alexandre, saisis, suivaient la scène avec attention.

Le silence fut rompu par un léger grognement des deux dogues, oreilles dressées et babines frémissantes. Sans se retourner, X. lança d'une voix glaçante : « Au pied ! Caïn et Abel ! » Aussitôt les chiens, saisis de tremblements, se plaquèrent au sol.

« Cependant, ajouta-t-il, je vais faire le nécessaire et déposerai demain matin sur cette table de quoi vous sustenter pendant quelques jours. En attendant, jeunes gens, puisque vous êtes privés de téléphone, nourrissez-vous donc de lecture ! Je vous autorise l'accès à ma bibliothèque. »

5. ALEX

Des sardines à l'huile et de vieilles biscottes au petit déj', c'est pas de ça dont on rêvait ! On va pas tenir longtemps. Les chiens sont mieux nourris que les humains, ici. X. s'est bien moqué de nous. Ça m'étonne pas, j'ai tout de suite vu qu'il était pas net, ce type, même s'il nous a sauvé la vie. Karim et Mia, eux, s'en fichent, ils se tournent autour toute la journée. D'ailleurs ils sont où en ce moment ? Sûrement à la bibliothèque... Je vais voir.

Les rayonnages chargés de livres étaient baignés de soleil. Des éclats de lumière jouaient sur certaines reliures et Alexandre remarqua que la lettre X était inscrite en rouge sombre sur la plupart des ouvrages. *Ce type est vraiment mégalo,* pensa-t-il. *Ces armes partout dans la maison, ces chiens énormes qui lui obéissent au doigt et à l'œil, sa façon militaire de rationner la nourriture, son initiale répétée dans la bibliothèque, son mépris envers nous... ça pourrait mal finir.*
Mia et Karim étaient bien là, épaule contre épaule, blottis dans le petit canapé de velours ocre, penchés sur quelque chose qu'il ne distinguait pas. Le cœur d'Alexandre se serra, ses mains étaient moites et il sentit le rouge lui monter aux joues. *Qu'est-ce que Karim a de plus que moi ?* se demanda-t-il. *C'est toujours*

pareil. Ça me rend fou !

Il hésita, mais finit par avancer, d'un pas timide qui fit grincer une latte du parquet. Gêné, il s'exclama d'une voix coupante :

— Je vous dérange pas trop, là ?

Le regard vert et interrogatif de Mia se posa sur lui et, comme prise en flagrant délit, elle se leva aussitôt.

— Arrête de chipoter ! Viens plutôt voir ce qu'on a trouvé au lieu de nous espionner, lança Karim, agacé, en lui tendant une liasse de vieilles coupures de journaux. Dommage que ce ne soit pas en français...

— *Family murder in France, near Nantes, one woman, one girl, three boys and two dogs. Jigonesse... Una familia asesinada. Dos perros... Father missing. Mystery... Ganze Familie ermordet in Frankreich. Jigonesse...* lut Alexandre à voix haute. C'est quoi, cette histoire ? Pourquoi les photos ont été découpées ? Qu'est-ce que ça fait là ? Bizarre, ce nom qui revient tout le temps... Vous avez trouvé ça dans la bibliothèque au milieu des livres ? C'était pas planqué ?

— Non, c'était dans une enveloppe qui est tombée quand j'ai voulu prendre un livre, une édition illustrée du *Horla* de Maupassant, répondit Mia d'une voix frémissante. Je me sens un peu dépassée, là. Pas vous ? Je crois qu'il faut qu'on en parle à ma mère.

6. NATHALIE

Dans sa chambre, Nathalie, une fois de plus, se laissait hypnotiser par ces étendues de neige à perte de vue qui encerclaient le chalet. Elle ne pouvait en détacher son regard et, malgré sa passion dévorante pour la montagne, sentait monter en elle une sourde inquiétude. Au moment où elle crut reconnaître la silhouette de Fabrice qui faisait les cent pas devant le chalet sur la neige durcie au bord du précipice, elle entendit frapper à sa porte. Mia et les jumeaux entrèrent dans la pièce et lui tendirent des articles de journaux un peu jaunis.

— Tiens, Maman, regarde ce qu'on a trouvé dans la bibliothèque de X. ! lança Mia d'une voix impatiente.

Nathalie feuilleta longuement la liasse dans un silence lourd, les regards interrogateurs de sa fille et des garçons posés sur elle. Tout devenait enfin clair. Elle sentit aussitôt un nœud se former dans son estomac et s'adossa à la fenêtre, le temps de reprendre son souffle. À cet instant, Fabrice poussa à son tour la porte de la chambre que les jumeaux n'avaient pas refermée et annonça :

— La carabine de la salle à manger, celle de la cheminée, n'est plus à sa place. C'est vous qui l'avez décrochée, les gars ?

— Ça va pas, non ? rétorqua Alexandre. Tu nous prends pour qui ?

— On a la tête de l'emploi, c'est ça ? Tu serais pas un peu raciste, toi ? enchaîna Karim, excédé.
Ils étaient sur le point d'en venir aux mains quand Nathalie calma tout le monde :
— C'est pas le moment de se battre, il va falloir se serrer les coudes, je crois que j'ai tout compris.
Sa voix d'habitude si assurée chancela. Mais après quelques secondes de silence pesant, le visage fermé, elle déclara :
— X. s'appelle en réalité Jigonesse. Début avril 2011, à Nantes, il a assassiné, avec la carabine de son père, sa femme, ses trois fils et sa fille et a dissimulé les corps sous la terrasse de leur maison, où l'on a aussi retrouvé, le 21 avril, les cadavres des deux chiens de la famille. Ensuite, il a disparu. On perd sa trace sur un parking après un dernier retrait bancaire effectué le 15 avril 2011 dans le Var...
— Tu vois bien que c'était pas nous pour la carabine ! lança Karim.
Fabrice et Alexandre étaient livides. On entendit tout à coup la voix de Mia qui récapitulait : ils étaient donc coincés dans un chalet au milieu de nulle part, à la merci d'un type qui avait sur les mains le sang de toute sa famille et à sa disposition un véritable arsenal...
Fabrice n'en démordait pas, il fallait absolument trouver le moyen de quitter au plus vite cet endroit et de rejoindre le refuge le plus proche. Mia et les jumeaux, encouragés par Nathalie, ne perdaient pas espoir de réussir à envoyer un message avant que le piège ne se referme sur eux.

7. X.

Dans son antre aménagé sous les toits, X. sirotait tranquillement un whisky, enfoncé dans un fauteuil en cuir fauve, sa carabine 22 long rifle sur la table basse, à portée de main. Portraits de famille, repas de Noël, cadeaux sous le sapin, plage et cocotiers, deux labradors, photo de mariage, véhicules de police arrêtés devant le 89, boulevard Louis-Aragon à Nantes... Son regard vide effleurait des photos et des coupures de presse fixées au mur.

« Caïn et Abel ! Couchés ! Alors, vous en pensez quoi, vous ? Vous feriez quoi ? Vous les sentez comment, vous, les deux jumeaux ? Vous les avez flairés ? Et cette Nathalie, elle doit se douter de quelque chose, ma physionomie l'inquiète. C'est elle qui commande, et pas ce gringalet qui se prend pour un guide. Quant à la petite, je sais pas trop quoi en penser, elle est pétillante, vive et fraîche, ça m'embête... Un peu de logique. Scénario 1 : ils réussissent à s'échapper, me dénoncent et je prends perpète. Scénario 2 : je les élimine, je traite les corps, ni vu ni connu... Mais on ne peut pas exclure que ces gens-là aient des familles, qui doivent mourir d'inquiétude et multiplier les efforts pour envoyer des secours. Et dans ce cas, perpète bis... Scénario 3 : l'hélicoptère des secours arrive et je fais un carton. Feu d'artifice, bouquet final ! Je tire ma révérence. »

Électrisés par la voix de leur maître, Caïn et Abel grognèrent sourdement, la bave aux babines.
X. s'étira et fit craquer ses doigts après avoir déposé son verre de whisky vide sur la table basse au milieu des boîtes de cartouches.

SCÉNARIO N°1

Le lendemain matin, l'éclat des dernières étoiles s'amenuisait dans un ciel qui s'annonçait parfaitement limpide quand Nathalie, Karim, Mia, Alexandre et Fabrice se faufilèrent hors du chalet, encordés à la hâte, et bien décidés à sauver leur peau. Plutôt risquer la mort en montagne que de rester à la merci d'un tueur fou. Ils progressaient d'un pas mal assuré, ils étaient vidés après une nuit blanche passée à élaborer des stratégies qui leur semblaient toutes plus folles les unes que les autres. Finalement, ils s'étaient résignés à faire une tentative d'évasion, même si elle leur paraissait vouée à l'échec. À 2 h 52 un message était enfin parti à destination des parents des jumeaux, comme on jette une bouteille à la mer. Les premiers rayons du soleil effleuraient les cimes acérées du Monte Rosa qui prenaient des reflets roses, veloutés, apaisants. Soudain des aboiements éclatèrent dans leur dos, suivis d'ordres brefs jetés d'un ton hargneux par Jigonesse, et au même moment le sol se déroba sous leurs pieds dans un craquement assourdissant. Quand le poudroiement se dissipa, dans le silence revenu, Mia étouffa un cri en apercevant en contrebas le corps de Fabrice disloqué sur un éperon rocheux. La corde avait été coupée net. Une traînée de sang avait éclaboussé la neige et le soleil imperturbable continuait à monter dans un ciel de plus en plus bleu où apparurent deux hélicoptères.

SCÉNARIO N°2

Le lendemain matin, l'éclat des dernières étoiles s'amenuisait dans un ciel qui s'annonçait parfaitement limpide quand Nathalie, Karim, Mia, Alexandre et Fabrice se faufilèrent hors du chalet, encordés à la hâte, et bien décidés à sauver leur peau. Plutôt risquer la mort en montagne que de rester à la merci d'un tueur fou. Ils avaient à peine fait quelques pas qu'ils entendirent une première détonation. Nathalie s'effondra. Au balcon du deuxième étage, Jigonesse épaulait posément sa carabine pour ajuster un deuxième tir destiné à Mia, mais Karim, qui s'était élancé vers elle, fut touché en plein cœur. Aussitôt Mia se précipita vers lui et s'effondra sur sa poitrine maculée de sang, atteinte à la nuque par la troisième balle de Jigonesse. Sur un sifflement, Caïn et Abel surgis de nulle part sautèrent à la gorge d'Alexandre et de Fabrice qui, empêtrés dans la corde et les crampons, essayaient en vain de se débattre avant que deux coups de fusil n'abrègent leurs souffrances. Aux premiers rayons de soleil, un léger sourire aux lèvres, Jigonesse sortit du chalet pour féliciter ses dogues et faire le tour du propriétaire. La neige souillée de sang crissait sous ses pas. La journée s'annonçait radieuse, le soleil imperturbable continuait à monter dans un ciel de plus en plus bleu où apparurent deux hélicoptères.

SCÉNARIO N°3

Le lendemain matin, l'éclat des dernières étoiles s'amenuisait dans un ciel qui s'annonçait parfaitement limpide quand Nathalie, Karim, Mia, Alexandre et Fabrice se faufilèrent hors du chalet, encordés à la hâte, et bien décidés à sauver leur peau. Plutôt risquer la mort en montagne que de rester à la merci d'un tueur fou. Soudain le silence de l'aube fut rompu par le vrombissement des moteurs de deux hélicoptères. La cordée, saisie d'un immense espoir, se mit aussitôt à agiter les bras pour signaler sa présence. Du chalet parvinrent des aboiements rageurs et Nathalie entraîna ses compagnons à l'abri d'un rocher. Quelques minutes plus tard, dans un vacarme assourdissant et des tourbillons de neige soulevés par les pales, les deux hélicoptères se posèrent. Quatre tireurs lourdement armés prirent immédiatement position autour du chalet pour sécuriser le périmètre tandis qu'un médecin et un infirmier se précipitaient vers le rocher. Karim surgit de l'abri et fut touché à l'épaule par une balle venue du chalet qui abattit le premier sauveteur dans un jaillissement de sang.

Moins de dix minutes plus tard, une fois que la cordée eut été mise à l'abri dans l'hélicoptère de sauvetage où l'on prodigua les premiers soins à Karim, les quatre tireurs d'élite pénétrèrent dans le chalet où régnait un silence vertigineux. Après avoir enjambé les cadavres de Caïn et Abel gisant dans le hall d'entrée, ils explorèrent l'immense bâtisse qui s'avéra parfaitement vide. L'insaisissable Jigonesse s'était une fois de plus volatilisé.

Remerciements à :

Mme Colette Chiche, principale
Mme Ana Félix, professeure documentaliste

Merci à nos partenaires :

La Sofia, grâce aux sommes provenant du « quart copie privée numérique », dans le cadre de son action en faveur du développement de l'éducation artistique et culturelle, accompagne depuis l'origine l'action de Réparer le langage, je peux en faveur de la lecture et de l'écriture.

La Fondation Jan Michalski pour l'écriture et la littérature favorise la création littéraire et encourage la pratique de la lecture à travers diverses activités et actions, parmi lesquelles l'organisation d'événements culturels en lien avec la littérature, la mise à disposition d'une grande bibliothèque multilingue, l'attribution d'un prix annuel de littérature mondiale, l'octroi de soutiens financiers et l'accueil d'écrivains en résidence.

Le CFC est l'organisme de gestion collective des droits de copie papier et numérique du livre et de la presse. Il consacre une partie des sommes qu'il perçoit au financement d'actions culturelles afin de soutenir la création et la diffusion des œuvres des ayants droit qu'il représente.

La Fondation d'entreprise La Poste favorise le développement humain et la proximité à travers l'écriture pour tous, sur tout le territoire et sous toutes ses formes. Elle s'engage en faveur de ceux qui sont exclus de la pratique, de la maîtrise et du plaisir de l'expression écrite, contribuant notamment à la lutte contre l'analphabétisme et l'illettrisme. Elle favorise également l'écriture vivante et dote des prix qui la récompensent, encourage les jeunes talents qui associent texte et musique, et offre un espace de découverte de la culture épistolaire élargie avec sa revue FloriLettres. Enfin, mécène de l'écriture épistolaire, elle soutient l'édition de correspondances et les manifestations qui les mettent en valeur.

La Fondation du Crédit mutuel pour répondre à des situations difficiles, apporte son soutien à des ateliers d'acquisition des savoirs de base (lire, écrire, compter) en privilégiant les actions qui contribuent à l'épanouissement personnel et à l'élaboration d'un véritable projet de réinsertion sociale.

Le Casnav de Paris (Centre académique pour la scolarisation des nouveaux arrivants et des enfants du voyage) scolarise chaque année plus de 2 500 élèves allophones arrivant de l'étranger. Au-delà de sa mission première d'enseignement de la langue et des fondamentaux, il soutient des partenariats culturels en faveur du développement de l'éducation artistique, de la lecture et de l'écriture, partenariats qui contribuent à la découverte de soi et des autres.

La DAAC de Paris - Avec le soutien de la Délégation académique aux arts et à la culture du rectorat de Paris.

Une action réalisée dans le cadre du Parcours laïque et citoyen du Conseil départemental de la Haute-Garonne

Avec le soutien de la mairie de Toulouse

Collection *Et si ?*

Lycées et collèges Édition 2020-2021

Avec les écrivain.e.s :

Alain Absire, Cécile Benoist, Hugo Boris,
Maïa Brami, Rachel Corenblit, Mercedes Deambrosis,
Dominique Fabre, Chrysostome Gourio, Stéphanie Hochet,
Fabienne Jacob, William Lafleur, Laurence Talairach,
Brice Torrecillas, Carole Trébor, Sandrine Vermot-Desroches.

Trois recueils rassemblant 16 romans collectifs

1. Héros et héroïnes
2. Mondes d'aujourd'hui et de demain
3. En route vers l'inconnu

Achevé d'imprimer par CPI Firmin Didot (164137)

Direction éditoriale : Sandrine Vermot-Desroches
Direction littéraire et iconographie : Alain Absire
Relecture : Marie-Laurence Sarret

ISBN : 978-2-9576983-2-5